약한 게
아니라
아팠던
것이다

약한 게
아니라
아팠던
것이다

초판 1쇄 발행 2019년 12월 20일
초판 3쇄 발행 2020년 11월 12일

지은이 권순재

펴낸이 이상순 **주간** 서인찬 **편집장** 박윤주 **제작이사** 이상광
기획편집 김한솔, 박월, 최은정, 이주미, 이세원 **디자인** 유영준, 이민정
마케팅홍보 이병구, 신희용, 김경민 **경영지원** 고은정

펴낸곳 (주)도서출판 아름다운사람들
주소 (10881) 경기도 파주시 회동길 103
대표전화 (031) 8074-0082 **팩스** (031) 955-1083
이메일 books777@naver.com
홈페이지 www.books114.net

생각의길은 (주)도서출판 아름다운사람들의 인문 교양 브랜드입니다.

ISBN 978-89-6513-572-2 03180

이 도서의 국립중앙도서관 출판예정도서목록(CIP)은 서지정보유통지원시스템 홈페이지(http://seoji.nl.go.kr)와
국가자료종합목록구축시스템(http://kolis-net.nl.go.kr)에서 이용하실 수 있습니다. (CIP제어번호 : CIP2019050501)

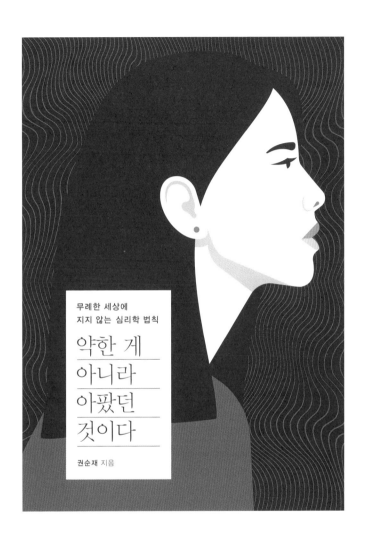

무례한 세상에
지지 않는 심리학 법칙

약한 게
아니라
아팠던
것이다

권순재 지음

차 례

저는 정신과 의사입니다.

"선생님, 마블 영화 보셨어요? 맞아 맞아요. 아이언맨하고 토르랑 헐크랑 같이 나오는 그거. 대박! 아직 안 보셨다구요? 나중에 꼭 보세요!"

　젊은 PTSD외상후 스트레스장애 환자가 신이 나서 이야기 합니다. 방금 전까지 자신의 상처를 표현하기 어렵다고 답답해하던 이 환자는 영화 이야기가 나오자 마치 자신이 아이언맨이 된 양 몸동작까지 곁들여가며 영화가 얼마나 신나고 통쾌했는지를 설명하느라 수다스러워지고, 막상 치료자인 내가 그 영화를 보지 않았다는 것을 알자 무척 아쉬워합니다.

우리는 왜 자신의 경험을 나누고 싶어 하는 것일까요? 아마 여러 가지 이유가 있겠지만, 가장 큰 이유는 우리의 생각과 감정들이 '사회적'이기 때문입니다. 어제 잠들기 전 내 머리를 스쳤던 혼자만의 생각들은 잠이 들자마자 쉽게 사라집니다. 반면, 오랫동안 함께 했던 친구와의 추억들은 시간이 지나더라도 마치 어제 있었던 일처럼 생생합니다. 이처럼 우리의 생각이 형태를 이루어 정신세계에 확고히 자리 잡으려면 자신의 뇌나 내면세계에서 이루어지는 내적 작용도 중요하지만 외부로부터의 피드백도 반드시 필요합니다.

영화 이야기를 신나게 하던 환자는 자신이 말로 표현하기 어려워하던 내면 문제의 한 조각을 영화 속 아이언맨에서 보았기 때문에 그 이야기를 치료자와 나누고 싶었던 것이지요. 우리는 생각을 남에게 표현함으로써 머릿속의 순간적인 불꽃에 불과한 일련의 감정들을 우리가 다룰 수 있는 형태로 구성하여 밖으로 꺼내놓습니다. 그리고 이 과정은 단지 남에게 전하고 호소하는 과정만으로 그치는 것이 아니라 자신의 생각과 감정을 확인하고, 정리하고, 다룰 수 있는 형태로 만드는 과정이기도 합니다.

저는 정신 분야의 전문가로 일하고 있습니다. 그 중에서도 제가 종사하고 있는 일은 정신을 치료하는 일이지요. 하지만 무슨 독심술이 있는 것은 아니에요. 타인의 정신의 아픈 부분을 알아보고 치료하기 위해서는 반드시 그 사람의 마음을 다룰 수 있는 형태로 꺼내어놓는 과정이 필요합니다. 그리고 아직까지 정신과에는 외과 수술처럼 마음을 직접 꺼내어 자르고 이을 수 있는 방법이 없기 때문에, 우리는 '언어'라는 그릇을 써서 환자의 마음을 외부로 꺼내어 담고, 그것에 대하여 토론하고, 균형을 맞추고, 격려해주고 안심시켜주는 등의 '사회적 경험'을 통해 다시 환자의 내부로 돌려보내줍니다.

다만, 언어라는 것은 상당히 불완전하고 더딘 소통입니다. '사랑', '친구'와 같이 매우 보편적으로 쓰이는 단어들조차도 개인마다 무척 다른 의미와 개념을 가지고 있죠. 사람에 따라서는 자신의 생각을 담을 그릇을 찾지 못해 자신의 감정을 표현하는데 어려움을 겪기도 합니다. 치료자인 저 또한 마찬가지입니다. 제가 환자의 문제를 정확히 이해하고 분석하더라도 그것을 환자와 내가 공통으로 쓰는 그릇에 담아 공유하지 못한다면 그 분석은 아무 쓸모가 없게 됩니다. 아무리 좋은 실력을 가지고 있어도 환자의 아픈 부분에 손이 닿지도 못하는 의사는 환자에게 전혀 도움이 되지 못하니까요.

그날 저는 환자가 추천했던 영화 '어벤져스'를 관람하였습니

다. 끔찍한 사고를 당한 두 남자가 서로의 상처에 대하여 이야기
합니다. 실험 중의 사고로 인해 통제력을 잃고 자신도 모르는 사
이 분노의 화신 '헐크'로 변하게 된 불행한 남자가 말합니다.

"나에겐 슈트가 없어요. 노출되어있죠. 그게 내 악몽이에요."

그러자 테러로 인한 가슴의 상처를 메우기 위해 몸에 원자로
를 달고 강철 갑옷을 두르게 된 불안에 찬 남자가 말합니다.

"매 순간 쇳조각이 내 심장으로 파고들어요. 그때 이 빛 덩어리
가 날 지켜주죠. 이 빛 덩어리도 이미 내 일부에요."

머리를 한 대 맞은 듯했습니다. 가슴에 상처를 지닌 사람들이
이 대사를 들으며 느꼈을 감정이 순식간에 머리로 흘러들어왔습
니다. 아이들 보는 영화로만 생각했던 이 히어로 영화의 대사와
상징들은 상처를 입은 사람들과 내가 공유할 수 있는 완벽한 그
릇이었죠. 한 편의 영화가 표현해준 결코 표현되지 못한 감정들.
등장인물들의 갈등이 이해하게 해준, 이전에는 결코 이해하지 못
했던 마음들. 좋은 영화가 우리에게 카타르시스를 느끼게 해주는
것은 그 영화가 우리에게 교훈을 주고 옳은 방향을 알려주기 때
문이 아니었습니다.

영화가 보여주는 인간의 갈등과 주인공이 힘을 주어 강변하는 대사들은 우리의 내면세계 어딘가를 헤매는 우리 감정의 방향을 찾아주고, 이름이 되어주고, 그럼으로써 우리의 감정이 자유롭게 다닐 수 있는 길이 되어주기에 우리는 영화에 열광했던 것이었습니다.

이후 저는 틈이 나는 대로 영화가 대변하는 여러 가지 인간의 감정, 영화로 인해 표현되는 수많은 인간사의 갈등들을 글로 묘사하는데 열중하였습니다. 영화에 담겨 있는 여러 가지 사건과 상징과 은유들이 닫혀버린 누군가의 마음을 열어줄 수 있을 것으로 기대하면서요. 블로그에 저장해두고 환자들에게 종종 읽기를 권하던 제 개인적인 글들은 우연한 기회에 〈정신의학신문〉이라는 사이트를 통해 '영화 속 마음을 읽다'라는 제목으로 더 많은 사람과 만나게 되었습니다. 그리고 감사하게도 출판사 〈생각의 길〉의 좋은 대표님과 편집자님들을 만나 한 권의 책으로 엮여 출간되게 되었습니다.

지금부터 읽게 되실 글들의 많은 부분에서 정신의학이론이나 뇌과학이론을 언급하고 있지만, 사실 이 책을 읽는데 그런 복잡한 지식은 하나도 필요가 없습니다. 이 책에 소개된 모든 영화를 반드시 다 볼 필요도 없습니다. 글을 읽으며, 영화 속 인물들의 마음을 떠올리며, 평소에는 정리하지 못했던 감정의 흐름을 느끼고, 공유하는 것으로 충분합니다. 비록 미숙하고 거친 문장들이지만, 위대한 감독과 배우들이 창조한 서사의 어깨에 올라 탄 제 글로 인해 아직 그릇에 담기지 못한 누군가의 감정이 제 이름을 가지고 표현되고, 이해받고, 치유받고 다시 원래의 자리로 돌아가 그 자신의 주인을 행복하게 해줄 수 있기를 바라며 이제 글을 시작합니다.

1부

부서진 마음은 정답을 알면서도 고르지 못한다.

그토록 어리석었던 그때의 나에게

마음이
부서져 본 적 있나요?

맨체스터 바이 더 씨, 2016, 케네스 로너건

맥주를 사러 나간 그 잠깐이었죠. 맨체스터에 사는 사랑스러운 아내와 아이들을 가진 아버지 리 챈들러는 잠든 가족들이 따뜻하도록 난로에 장작을 넣어두고 20분 정도 거리의 편의점으로 출발합니다. 맥주를 사 들고 온 그의 눈에 비친 것은 불길에 삼켜지고 있는 자신의 집이었습니다. 다행히 소방관들은 1층에서 자고 있던 아내를 구해냅니다. 하지만 2층의 두 딸과 갓난아기인 아들은 그러지 못했죠. 타다 남은 잔해에서 소방관들은 아이들의 시신을 수습합니다. 그 잠깐이었죠. 리 챈들러라는 인간이 부서져 버린 건.

마음이 부서져본 적이 있나요? 주요우울증이나 외상후스트레스장애와 같은 진단명은 이러한 마음을 결코 다 표현해주지 못합니다. 이것은 병과 절망적인 현실이 뒤섞여 현실이 병을 만들고 병이 현실을 만드는 상태죠. 마치 실이 끊어진 마리오넷 인형처럼, 그는 어떠한 생각도 하지 못합니다. 머리가 멍해진 게 차라리 다행이라는 생각마저 들죠. 머리가 맑아지면 찾아올 가혹한 현실을 그는 견딜 수 없을 테니까요.

리는 자신의 고향 맨체스터를 떠나 낯선 도시 보스턴에서 잡역부로 살아갑니다. 오랫동안 영양실조에 있었던 사람이 뼈와 살가죽만 남는 것처럼, 그는 살아 있는 게 아니라 단지 살아 있는 흉내를 내는 껍데기만 남은 삶을 연명해갑니다. 그는 여전히 살아갑니다. 하지만 그를 움직이고 있는 것은 누군가를 사랑하고 생의 기쁨을 구가하게 해주는 활력이나 삶의 의지가 아니라 관성에 불과합니다.

생의 의미와 행복을 찾아야 할 그의 눈은 모든 가치 있는 것들을 그냥 흘려버립니다. 그날 이후 그의 눈에서 눈물이 나오는 일은 결코 없었습니다. 생각과 감정을 차단한 그의 육체는 사랑과 기쁨 등의 긍정적인 감정을 받아들이지 못합니다. 그러다가도 간혹 마음 한곳에 묻어버린 생각과 감정의 잔재가 수면 위로 떠올라 그를 미치게 만들 때면 그는 술과 싸움이라는 형편없는 방법으로 이를 해소했죠. 자고 일어나면 쌓여 있는 눈을 무표정하게 치우는 그의 끝없는 작업처럼, 깨어 있는 그에게 삶은 없었고 잠든 그에게 안식은 없었습니다.

어느 날 그에게 남은 유일한 가족인 형이 심부전으로 위독하다는 소식이 그에게 전해졌고 그는 급히 고향인 맨체스터로 향합니다. 늦게 도착한 그는 형의 임종을 지키지 못했고, 땅이 너무 얼어서 시신은 봄이 올 때까지 냉동실에 보관됩니다. 담담한 얼굴로 일을 처리하던 리는 형의 유언장에서 몰랐던 사실을 알게 됩니다. 형이 자신을 조카의 후견인으로 지정해두었고 형의 사후에 고향으로 돌아와 가출해버린 형의 부인 대신 조카를 돌보기를 원했다는 것을요. 그러나 마음이 망가져 버린 리는 고향에 머물며 새로운 가족을 꾸릴 자신이 없었고, 하나 남은 고등학생 조카는 제멋대로 살며 사사건건 그와 부딪힙니다. 현실과 과거 모두 쉽지 않죠.

조카 "왜 묻을 수가 없어요?"
챈들러 "너무 추워. 땅이 너무 굳어서 봄에 매장할 거야."
조카 "그럼 그때까지 어떻게 하는데요?"
챈들러 "냉동실에 보관할 거야."

영화는 리가 고향에 도착하면서부터 현재와 과거의 장면을 교차하며 엮어갑니다. 리가 맨체스터에 이르며 떠올리는 고통스러운 과거 이야기는 회상의 형태로 예고 없이 바로 진행되는데 여기서 우리는 이 이야기가 전지적 시점이 아니라 리의 시점으로 진행되는 이야기임을 알게 됩니다. 영화에서 플래시백 기법으로 보여주는 과거 회상은 리가 그 시점에서 실시간으로 겪는 그의 고통이 아직도 현재 진행형이며 고향에 머물수록 그의 고통은 심해짐을 알 수 있습니다.

어렸을 적 리를 잘 따랐던 리의 조카는 리만큼은 아니지만 마음이 부서져가고 있는 또 다른 영화 속 인물입니다. 그는 계속 잃기만 합니다. 정신이 건강하지 못했던 어머니는 일찌감치 집을 나갔고 이제 아버지마저 잃습니다. 후견인인 삼촌 리가 고향에 머물길 원하지 않아 이제 그는 행복한 추억의 상징인 아버지의 배와 인생의 전부인 고향도 잃을 처지에 놓입니다. 아버지가 죽고도 아무렇지도 않은 듯 여자친구를 바꿔가며 놀던 그는 끝내 냉동실에 있는 냉동닭을 보며 공황발작을 일으킵니다. 그가 아직 땅에 묻지 못한 아버지의 시신을 떠올렸음은 말할 필요도 없지요. 과거에서 떠나기를 간절히 원하는 리와 과거를 붙잡고 있기를 원하는 조카는 서로 이해하지 못합니다.

부서진 마음은 정답을 알면서도 고르지 못한다.

감독의 시선은 매정하리만큼 담담합니다. 수첩에 적어서 간직할법한 명대사도 없고 반전을 통한 위로도 없죠. 이 영화는 인간의 고통을 담은 다큐멘터리라고 불러도 손색이 없습니다. 불행을 앞에 둔 등장인물들의 반응은 마치 현실과 같습니다. 형의 시체를 앞에 둔 동생은 대성통곡을 하는 게 아니라 말문이 막혀 당황스러워합니다. 주변 사람들은 도와줄 생각이 없는 게 아니라 도와줄 방법을 찾지 못합니다. 불행은 서로를 서먹하게 만들고, 사람들 간의 대화는 서툴기 짝이 없습니다. 고통은 불현듯 직접적으로 찾아오고 희망은 은유로만 희미하게 존재합니다.

하지만 바로 그렇기 때문에 인간의 고통을 다루는 이 영화의 방식에는 품위가 느껴집니다. 이 영화는 섣부른 위로와 비현실적인 희망을 던져주지 않습니다. 하지만 이 영화의 잿빛 하늘과 바다, 두 남자의 굽은 뒷모습에는 가슴을 먹먹하게 하는 무언가가 느껴집니다. 힘든 일이 있을 때 누군가 보내온 예쁜 문자가 아니라 아무 말도 없지만 내내 함께 있어준 무뚝뚝한 친구와 같은 그런 시선이죠. 그럼으로써 픽션에 불과한 영화 속 리 챈들러의 비극은 그 픽션을 다루는 정중하고 품위 있는 방식을 통해 손에 넣습니다. 쉽게 잊혀지지 않을 진실함을요.

치유되지 않는 고통도 있습니다. 먼 미래에는 다를 수도 있겠지만 많은 정신적 고통들은 지금 당장 끝나는 게 불가능합니다. 사랑한다는 위로도, 넌 좋은 사람이라는 격려도, 정신차리고 현재를 보라는 현명함도 아무 소용이 없습니다. 오히려 상처가 되기도 합니다. 이런 일을 겪고 있는 이들에게 우리가 할 수 있는 일은 단지, 곁에 있어주는 것뿐이죠. 그들의 절망과 슬픔을 같이 느끼는 내 마음이 답답한 나머지 성급하게 해결책을 던져주어 편해지려는 구원자로서의 욕망을 꾹 누르고요. 구하고자 하는 마음이 더 큰 상처가 되지 않도록, 위로하려는 말이 단지 자기만족이 되지 않도록 때가 될 때까지 참고 기다리면서요.

리는 형이 남겨준 총을 팔아 조카의 소원인 아버지의 배를 지켜냅니다. 조카와 오랜만에 기분 좋은 항해를 한 리의 눈에 약간의 빛이 돌아옵니다. 하지만 지울 수 없는 과거가 그를 대면합니다. 리는 예상치 못하게 그의 전 부인과 마주칩니다. 리와 함께 세 아이를 잃었던 바로 그녀죠. 그녀는 울면서 리에게 고백합니다. 그동안 너무 미안했다고. 아직도 사랑한다고. 하지만 마음이 아팠다고, 지금도 아프다고 말이죠. 그토록 애절한 고백과 용서에도 리는 괴로워합니다. 하지만 슬퍼할 마음조차 잃어버린 리는 눈물조차 흘리지 못하고 눈도 마주치지 못하고 말을 더듬으며 자리를 피해버립니다. 그리고 바로 다음 장면, 리는 예전과 마찬가지로 술에 취해 술집에서 싸움판을 벌입니다. 그는 달라지지

부서진 마음은 정답을 알면서도 고르지 못한다.

못했죠.

그는 새로운 가족과 함께하는 것도 실패합니다. 결국 리는 조카를 친구의 집에 입양 보내고 자신은 다시 보스턴으로 돌아가기로 합니다. 조카는 그동안 몰래 연락하고 있던 어머니를 만나러 갔지만 술을 끊고 독실한 신앙인이 되어 새 사람이 된 어머니의 옆에 아들의 자리는 없었습니다. 있을 곳을 찾는데 실패한 삼촌과 조카는 한 테이블에 앉습니다. 여기서 같이 살면 안 되냐는 조카의 애원에 리는 미안하다고, 어쩔 수 없다고 말하며 흐느낍니다. 언젠가 리가 자신의 고통을 끝내고 다시 돌아올 수도 있겠죠. 하지만 지금 리는 홀로 버티는 게 고작입니다.

영화 「맨체스터 바이더씨」는 주인공 리 챈들러가 고향 맨체스터에 돌아와 겪는 고통과 플래시백, 그리고 이들을 극복하는데 어떻게 실패하는지를 보여줍니다. 영화는 고통의 해결을 바라는 관객의 욕구에 부응하기보다는 등장인물의 심적 고통을 섬세하게 그려냅니다. 이를 통해 우리에게 그 어떤 영화보다도 진실한 위로를 건넵니다.

정답을 알면서도 고르지 못하는 마음, 기대를 알면서도 부응하지 못하는 나약함, 끊임없이 따라붙는 극복할 수 없는 과거의 기억은 우리가 현실에서 만나게 되는 감정과 한 없이 닮아 있기 때문입니다. 그려낸 고통의 묘사가 정성스럽고 섬세하기에 은유적으로 존재하는 희망은 더없이 와닿습니다. 마치 오랫동안 힘든 시절을 함께 해준 친구가 정말 힘들고 어렵게 꺼낸 진솔한 한마디가 세상에 존재하는 어떤 미사여구보다도 더 내 마음을 감싸 안듯이요.

겨울이 지나 봄이 되고 얼었던 땅도 조금은 녹아 냉동고 속 형의 시신은 비로소 땅에 묻힙니다. 리의 전처가 낳은 아이는 아직 추운 날씨에 칭얼댑니다. 리는 새로 얻은 아파트에 언젠가 찾아올지도 모를 조카를 위한 여분의 방을 마련하기로 합니다. 오랜 시간을 지나 절망으로 얼어버렸던 마음이 조금씩 녹아가고, 슬픈 마음을 조금씩 보내줍니다. 그럼에 따라 마음에는 새로운 감정을 품을 아주 작은 여유가 생겨납니다. 그리고 삼촌과 조카는 조금씩이지만 서로를 이해해 갑니다.

마음이 부서져 본 적이 있나요? 그런 시기가 분명히 존재합니다. 단지 숨만 쉬며 살아있는 것만으로도 힘에 부칠 테죠. 차라리 이 무너진 마음이 다행이라고 생각될 만큼 버티는 게 고작인 그 시기에는 어떤 위로도 격려도 소용이 없죠. 돕고 싶지만 아직 당신을 어떻게 도와야 할지 모르겠어요. 돕고자 하는 마음이 약해

부서진 마음은 정답을 알면서도 고르지 못한다.

진 당신을 더 다치게 할까 봐 두렵기도 하고요. 지금은 어떠한 말로도 위로가 될 수 없겠지만 일단 함께 기다려 보기로 해요. 당신의 고통을 보는 내 마음이 아프다고 하더라도 결코 당신의 고통을 함부로 다루지 않을 거예요. 내 마음이 편해지기 위해 당신에게 가벼운 위로와 해결책을 들이대고 어깨를 흔들며 재촉하지도 않을 거구요. 위로는 내 마음을 가볍게 하기 위함이 아니라 사랑하는 사람의 마음을 감싸기 위해 존재하기 때문입니다. 그렇게 오래 참고 그렇게 오래 고른 소중한 말들만이 남아 부서진 마음과 끝까지 함께 할 수 있기 때문입니다.

가혹한 어린 시절,
그것을 대하는 두 가지 태도

23 아이덴티티, 2016, M. 나이트 샤말란

그는 자신이 아닌 다른 사람이 되고 싶었다. 폭행과 상처, 자기혐오로 얼룩진 과거와 결별하고자 했다. 사는 곳을 바꾸고, 이름과 얼굴을 바꾸고, 성격마저 바꾸었다. 과거가 생각나게 하는 그 모든 것으로부터 멀어지고, 자신 안의 과거의 아주 작은 조각조차 모조리 버리고자 하였다. 그러나 아무리 베어내어도 과거는 그와 함께하였다. 결코 떨쳐낼 수 없는 악몽 속의 괴물처럼 과거는 끊임없이 그를 추적하여 따라잡고 마음을 후벼파내었다. 고통에 신음하던 그는 점차 지쳐가고, 분노하기 시작하였다. 그는 이를 악물고 외쳤다.

부서진 마음은 정답을 알면서도 고르지 못한다.

"나의 과거를 통째로 없애버리고 완전히 다른 사람이 될 수는 없는 것일까?"

생일파티가 끝나고 집에 돌아가던 세 명의 소녀 클레어와 마르샤, 그리고 케이시는 한 남자에게 납치되어 아무도 모르는 곳에 감금당합니다. 그들을 납치한 정체불명의 남자 '케빈'은 어릴 적 어머니의 학대로 인해 23명의 인격으로 분열된 '해리성 정체성 장애'Dissociative identity disorder : DID 환자로 밝혀집니다. 과연 케빈의 분열된 인격들은 무슨 이유로 소녀들을 납치한 것일까요? 그리고 그들이 말하는 24번째의 인격 '비스트'는 무엇을 의미하는 것일까요?

과거에 '다중인격'이라 불리던 '해리성 정체성 장애'는 한 몸에 둘 또는 그 이상의 각기 구별되는 주체성이나 인격 상태가 존재하며 각각의 인격이 반복적으로 개인의 행동을 통제하는 매우 희귀하고 특이한 정신질환입니다. 질환의 극적인 특징 때문에 『지킬 박사와 하이드』 이래로 소설, 영화, 드라마 등의 매체에서 매우 사랑받는 소재이기도 합니다. 하지만, 영화와 같은 극적인 형태가 아니더라도 해리dissociation 혹은 분열split은 우리의 정신에서 매우 흔하게 일어나는 현상입니다. '외상후 스트레스장애' 환자들은 자신이 겪은 고통스러운 사건을 기억하지 못하거나 그 사건의 존재를 부정하기도 합니다. 어렸을 적 성적 학대를 겪었던 환자들의 뇌를 조사해 보면 의식적 정보의 통합을 관장하는 전두엽 집행기능의 저하와 일반인보다 작은 크기의 뇌량^{corpus callosum, 좌뇌와 우뇌를 연결시키는 데에 필요한 연결섬유}이 관찰됩니다. 개인이 도저히 받아들이기 어려울 만큼 고통스럽고 충격적인 사건은 우리 뇌의 신경망의 연결성과 정보처리 과정을 파괴하고 교란하기 때문입니다.

잘라내어 버리고 싶은 인생의 순간이 있나요? 고통스러운 과거와 결별하고 인생을 새로이 시작하는 것은 과거를 감당하기 어려워하는 모든 이들이 한번쯤은 생각해봤을 만한 소망입니다. 실제로 과거의 기억이나 특정 사건을 현재의 의식으로부터 분리, 고립시키는 '해리'나 '분열'과 같은 방어기제들은 개인의 정신을 외상으로부터 보호하는 역할을 하기도 합니다. 성별도, 나이도, 방식도 다르지만 케빈의 분리된 인격들은 모두 어머니로부터 학대당했던 케빈을 나름의 방식으로 지키려고 합니다. 이들은 자신들을 과거와 접촉시키고 현재와 통합시키려는 정신과 의사나 상담자의 시도에 필사적으로 저항하고, 이를 원망하기도 합니다. 하지만 기억을 의식에서 지우면 그저 고통과 함께 어둠 속으로 사라지나요? 그것이 우리에게 남기고 간 것은 무엇이며 우리에게 앗아간 것은 무엇인가요? 영화 「23 아이덴티티」는 여러 명의 인격으로 분열된 케빈과 이들에게 생명을 위협받는 케이시를 통해 인간의 분열된 정신을 내부와 외부에서 조명합니다.

　납치된 세 명의 소녀 중 하나인 '케이시'는 영화를 이끌어 나가는 또 다른 주인공입니다. 그녀는 유아기에 삼촌으로부터 성적 학대를 당한 경험이 있으며 지금도 가해자인 삼촌에게 저항하지 못하고 지속적인 학대를 당하며 살고 있습니다. 비록 그녀는 케빈처럼 여러 명의 인격으로 분열되지는 않았으나 지금까지도 사람과의 정상적인 관계를 맺는데 어려움을 겪습니다. 영화는 케빈의 인격 중 사악한 세 명인 '패거리'들에게 붙잡힌 케이시가 케빈의 은신처로부터 탈출하는 과정을 그리고 있습니다.

　케이시가 붙잡혀 있는 동물원 지하 미로는 분열된 인간의 정신세계에 대한 은유로도 보입니다. 케이시는 수많은 방으로 이루어진 그곳에서 케빈의 분열된 인격들과 번갈아가면서 맞닥뜨리게 됩니다. 케빈의 분열된 인격들은 공통적으로 두 가지의 강렬한 감정에 사로잡혀 있습니다. 한 가지는 타인에 대한 불신, 그리고 나머지는 과거의 자신에 대한 무력감입니다.

　힘든 경험으로 고통스러워하는 사람들의 감정의 결을 자세히 구분해보면 우리는 케빈의 인격들의 공통된 심리를 이해할 수 있게 됩니다. 이들은 세상을 받아들이지 못합니다. 이들이 겪은 충격적인 경험들은 그들이 인식하는 세상의 원형^{prototype}이 됩니다. 이들은 앞으로 자신들이 겪게 될 세상도 과거의 자신이 겪은 것처럼 자신을 상처 입힐 기회만 노리고 있는 끔찍하고 두렵고, 위험한 곳으로 받아들입니다. 결과적으로 자신을 둘러 싼 세상을 증오하게 되거나 세상으로부터 닥쳐올 위협을 두려워하며 자신 안으로 숨어버리게 됩니다. 그러나 인간의 감정이란 기본적으로 양방향으로 구성됩니다. 한 방향은 세상을 향해 있고, 다른 한 방향은 자신을 향해있지요. 이들의 공포와 증오는 동시에 자신들을 향한 것이기도 합니다. 자신에게 일어났던 끔찍한 일에 대해서 마땅히 했어야 할 일을 하지 못했다는 죄책감, 또는 자신이 하지 말아야 할 일을 했다는 죄책감에 시달립니다. 그들에게 일어난 일의 결과를 책임지기에 당시의 그들은 너무나 어리고 무력하였음에도 불구하고, 자신이 약하고, 무방비하였기 때문에 그러한 일이 일어나게 되었다고 믿게 됩니다. 죄책감은 과거와 연결되어 있는 현재의 자신을 용납하지 못하게 만들고, 견디지 못한 이들은 과거와의 연결점을 거부하게 됩니다. 결국 과거의 자신을 떠올리게 하는 모든 단서를 거부하고 자신이 아닌 다른 사람이 되기를 소망합니다. 이들은 늘 생각합니다.

만일 내가 그때 조금만 더 현명했더라면…

부서진 마음은 정답을 알면서도 고르지 못한다.

만일 내가 그렇게 멍청하게 행동하지 않았더라면…

만일 그 상황에서 내가 아니라 다른 사람이었더라면…

케이시 또한 위의 두 가지 감정에 시달리고 있는 인물입니다. 그녀에게 있어서 세상은 기본적으로 자신을 학대하고 공격하는 곳이죠. 한 번은 삼촌에게 대항하여 총을 겨누었다가 끝내 방아쇠를 당기지 못합니다. 그리고 저항을 포기한 스스로에게 깊은 죄책감과 무력감을 가지고 살아갑니다. 결국 케빈과 케이시는 닮은꼴이라고 볼 수 있습니다. 한 가지 다른 점은 케이시는 과거와의 연결고리를 어느 정도 유지하고 있지만, 케빈은 새로운 인격을 만들어 과거로부터 자신을 완전히 단절하고, 과거 자신과의 연결을 완전히 지워버렸다는 점이지요.

케빈의 분열된 자아들은 점점 비대해집니다. 사악한 하이드에게 잠식당해버린 지킬박사처럼 사악하고 공격적인 자아들이 케빈의 전체를 점령해버린 것입니다. 이들은 자신들이 생각하는 끔찍한 세상의 공포와 위협으로부터 케빈을 지키기 위해 납치된 소녀들을 재물로 삼아 폭력과 악의 화신인 24번째 인격 비스트를 불러내고, 자신을 돌봐주었던 정신과 의사 플레처를 살해합니다. 정신과 의사 플레처는 케빈의 유일한 이해자였지만, 동시에 과거의 자신과 현재의 그를 연결해주는 사람이었기 때문이지요. 과거와의 연결을 완전히 단절해 버린 사람들이 평온한 인생을 보내는 경우는 드뭅니다. 과거의 고통은 지워져 버렸을지 몰라도, 스스로도 원인을 알지 못하는 막연한 증오심과 공포에 시달리며 고통스러운 삶을 살아갑니다. 이들이 진정으로 용납하지 못했던 것은 그때 아무것도 하지 못했던 나 자신이었다는 것을 인식하지 못한 채 말이죠.

그러나 지워버린 과거의 기억 속에는 자신을 괴롭히던 악마와 같은 가해자들만 존재했던 것은 아니었습니다. 간절히 구원받기를 바랐지만, 끝내 어떠한 도움도 받지 못했던 자신도 존재했습니다. 절망의 크기를 감당하지 못했기 때문에 제대로 슬퍼하지도 못하고, 무력하였기에 누군가를 원망하기보다는 자기 자신을 원망하는 것이 차라리 더 편했던 더 여린 케빈이 거기 있습니다. 케빈은 스스로를 과거와 분리해 버리면서 과거의 자신과의 연결 또한 잃어버렸기 때문에, 누군가가 자신을 구해주고 용서해주기를 바랐던 그 마음 또한 해방되지 못하고 과거에 갇혀 남겨져 버립니다.

부정적인 기억이 남기는 것이 반드시 부정적인 영향만은 아닙니다. 인간은 '내재화'라는 과정을 통하여 세상과 관계하기 때문입니다. 내재화란 인간이 자신이 경험한 세상을 자신의 일부로 받아들이는 과정을 말합니다. 대상관계 이론을 정립한 오스트리아의 정신분석학자 멜라니 클라인^{Melanie Klein, 1882–1960}에 따르면 이 과정은 두 단계의 과정을 거칩니다. 부정적인 사건을 겪은 초기에는 방향을 알 수 없는 강렬한 불안과 죄책감, 공포를 느끼게 됩니다. 따라서 이러한 감정을 필사적으로 외부로 배출하고 밀어내어 스스로를 유지하려고 합니다. '세상은 정말 무섭고 위험해. 약하고 무력한 나는 세상의 위험으로부터 최대한 벗어나야해.' 라고 생각하게 되지요.

하지만 이 과정을 견디고 세상을 경험해 나가면서 점차 두 번째의 과정이 발생합니다. 세상의 부정적인 면과 긍정적인 면, 자신의 부정적인 면과 긍정적인 면을 구분하게 되며, 그것이 분리할 수 없는 세상의 일부이자 나의 일부라는 것을 이해하게 됩니다. 세상의 긍정적인 면으로 부정적인 면을 이겨내고, 자신의 긍정적인 면으로 부정적인 면을 회복시키려는 시도가 나타나게 됩니다. 그리고 자신과 세상에 대한 새로운 용서와 화해가 생겨납니다.

비록 내가 겪은 일이 슬프긴 하지만, 이것이 세상의 전부는 아니지 않을까?
비록 그때의 나는 무력했지만, 그것이 내 전부는 아니지 않을까?

내가 계속 살아나간다면 그때의 나보다 훨씬 더 나은 내가 되지 않을까?

그래서 가장 가까운 세상으로부터 깊은 상처를 받고, 가장 가까운 사람으로부터 영혼을 짓밟혔음에도 불구하고, 우리는 여전히 타인의 온기를 그리워합니다. 다시는 그 어떠한 것도 믿지 않기로 결정하고 시간을 멈춰버린 나의 심장이 우연히 펼친 책 한 귀퉁이의 풍경에 두근거리기도 합니다. 인간은 그토록 악하고 잔인한 존재라 여기는데도 여전히 타인의 손을 잡고 싶기도 하고, 세상은 이토록 잔혹한 곳인데 다시 살아보고도 싶습니다.

인간의 감정은 양방향이기에 세상과 타인에 대한 이 기대는 나 자신에 대한 기대로 이어집니다. 따라서 과거의 고통을 느낀다는 것은 단지 그 고통이 끊임없이 반복됨을 의미하는 것이 아닙니다. 그 안에는 그 고통으로부터 회복하려는 몸부림이 반드시 포함되어 있습니다. 미워하고 지우고 싶었던 과거의 나와 나를 둘러싼 세상을 용서하고 그곳에서 벗어나 미래로 나아가는 과정이기도 하죠. 그리고 과거로부터 이어진 이 몸부림이 통째로 새로운 내가 됩니다. 과거는 여전히 남아있지만 나는 변하는 거죠.

케이시는 천신만고 끝에 케빈의 분열되기 전의 인격 '케빈 웬델 크럼'을 만나게 됩니다. 그것은 케빈이 견디지 못해 지워버린 과거의 자신입니다. 현재와의 연결을 잃어버린 케빈 웬델 크럼의 시간은 완전히 멈춰 있었습니다. 23명의 강인한 인격을 가졌지만, 학대의 날에서 조금도 나아가지 못한 허약한 케빈은 여전히 자신을 받아들이지 못합니다. 무력한 '케빈 웬델 크럼'은 케이시에게 총을 건네주며 자신을 죽여 달라고 부탁합니다. 그리고 동시에 증오와 방어본능으로 가득 찬 24번째 인격 '비스트'가 나약한 케빈을 지키기 위해 또다시 그를 잠식합니다. 해결되지 않은 '분열'은 이토록 케빈을 극단으로 몰아붙입니다.

케빈을 잠식한 비스트는 초인적인 힘으로 달려듭니다. 그리고 생명을 위협받던 케이시는 불현듯 자신에게 불행이 시작된 그날을 떠올립니다. 짐승처럼 달려들던 삼촌과 총을 들었음에도 아무것도 하지 못했던 어린 자신. 평생 원망하고 후회했던 그 순간과 무척이나 닮아있는 오늘의 이 순간, 그녀의 뇌리를 스친 감정은 단지 공포나 경악만은 아니었습니다. 나약했던 케빈 웬델 크럼과 자신. 자신을 용서하는 고통을 거부하고 현재에서 눈을 돌려버렸기에 남은 방향을 잃어버린 증오와 공포. 어쩌면 자신 또한 이르렀을지도 모르는 케빈의 참혹한 모습에 케이시는 눈물 흘립니다.

자신의 인생에서 벌어진 두 번째의 짐승의 습격에서 이번에야

말로 그녀는 산탄총의 방아쇠를 당깁니다. 그녀는 과거를 버리지 않은 채로 과거와는 다른 그녀가 됩니다. 가슴에 산탄총을 맞고도 건재했던 비스트는 그녀의 모습에서 무언가를 느끼고 케이시를 놔둔 채 사라집니다. 케빈이 진정으로 용서할 수 없었던 것은 닥쳐오는 위협에 아무것도 할 수 없었던 옛날의 무력했던 자기 자신이었습니다. 그렇기 때문에 그가 증오의 대상으로 삼고 재물로 선택했던 것도 과거의 자신과 같은 무력한 소녀들이었죠. 하지만 비스트는 막연하나마 깨닫습니다. 케이시와 자신은 서로 다른 선택을 했음을. 그녀는 더 이상 자신과 같지 않음을.

영화는 결국 구조된 케이시가 자신을 학대하던 삼촌에게 돌려보내지며 의미심장한 표정을 짓는 것으로 마무리됩니다. 그 후의 이야기는 영화에 나오지 않았지만 케이시가 앞으로 자신에게 가해지는 학대에 대하여 예전과는 다른 방식으로 대응할 것이라는 것을 우리는 쉽게 예상할 수 있습니다. 그리고 후속작「글래스」에서 성장한 케이시는 케빈과 다시 한번 만나 케빈을 비스트로부터 구해냅니다.

잘라내 버리고 싶은 인생의 순간이 있나요? 그렇다면 당신이 잘라내야 할 것은 고통의 어디에서 어느 부분까지인가요? 고통의 극복이란 당신이 당신 마음의 아픈 부분을 잘라내고 나머지 건강한 부분이 비대해지는 것을 말하지는 않죠. 마음의 고통이란 당신에게 벌어진 일이 무한히 반복되는 것이 아닌, 그 끔찍한 일이 당신 안의 무언가를 바꿔가는 과정 중에 겪는 것에 가깝기 때문입니다. 그 과정은 때로는 당신을 공포에 질리게 만들고, 절망하게 하기도 합니다. 하지만 그 과정을 통해서만이 당신은 과거의 자신과 현재의 자신을 구분하고, 새로운 자신이 되어가지요.

그러니 당신이 혹시 여전히 과거로부터 고통받고 있다면, 과거의 무력했던 자신을 너무 미워하거나 무가치하게 보거나 또는 잘라내야 할 어떤 것으로 받아들이지 않았으면 좋겠어요. 과거의 일에 대해서 아파하고 후회하는 과정을 무언가 잘못되었거나 문제가 있다는 증거로도 받아들이지 않았으면 합니다. 일생동안 타인에게 아무런 영향도 끼치지 않은 이의 삶을 선하다고 보지 않는 것처럼 과거로부터 어떠한 상처도 영향도 받지 않은 인생을 우리는 좋은 인생이라 부르지 않기 때문입니다. 멜라니 클라인은 자신의 말년의 연구에서 인생의 전 과정은 그 자신과 타인에 대한 경험을 통합하려고 애쓰는 것이라 말합니다. 고통이라는 이름을 한 극복은 이미 시작되어 있어요. 당신이 과거의 자신을 포기하고 손을 놓지만 않으면, 분명 무언가 달라질 거예요.

산다는 것은 서서히 태어나는 것이다.

_앙투안 드 생텍쥐페리

내게 절실했던 것들을
잃고 난 뒤

사랑은 비가 갠 뒤처럼, 2018, 나가이 아키라

인간은 언제 어른이 되는 걸까요? 여전히 나는 아이같이 세상을 두려워하건만, 세상은 나를 어른으로 규정하고 나 또한 스스로를 어른으로 여기며 하루를 살아갑니다. 단지 청춘이라 불리는, 규정할 수도 없는 추상적인 시기가 지나간 것뿐인데, 우리는 그것만으로도 용기를 잃고 의기소침해집니다. 날지 못하게 된 새처럼, 노쇠한 인간의 몸에 갇힌 신처럼 우리는 젊음의 시기를 동경하고 그리워합니다. 꿈은 지금 여기에 우리와 함께 하는 게 아니라 과거 저 멀리 어딘가에 멈춰버린 채로 있는 듯합니다. 미처 보내지 못한 미련과 나이든 육체만이 남은 우리에게 잃어버린 청춘의 기억은 시린 빗물이 되어 내립니다.

부서진 마음은 정답을 알면서도 고르지 못한다.

패밀리 레스토랑의 점장을 맡고 있는 45세의 중년 남자 콘도는 어느 날 가게 아르바이트생인 여고생 타치바나에게 좋아한다는 고백을 받습니다. 거의 아버지와 딸뻘의 나이차이가 나는 여고생의 구애만큼이나 그를 당황스럽게 만든 것은 그녀의 앞뒤 가리지 않는 젊음의 모습이었습니다. 그는 젊었을 적 소설가의 꿈을 꿨지만 결국 이루지 못하였고, 그의 부인은 그를 떠나버렸죠. 남은 것은 부하직원들에게도 무시당하는 냄새나는 아저씨라는 꼬리표와 무력한 일상뿐이었습니다. 잃어버린 꿈과 젊음에 대한 미련을 가슴에 품고 살아가던 그에게 꿈과 젊음을 그대로 간직한 소녀의 수줍은 고백은 자신의 과거와 현재를 되돌아보게 되는 설레지만 아픈 과정이 됩니다.

영화는 두 사람의 나이차와 성별의 차이로 인한 불편함을 못본 척하지 않습니다. 타치바나의 고백을 받은 뒤 그녀를 의식하는 콘도는 자신이 미성년자를 성적으로 탐하는 파렴치한으로 오해받을까봐 노심초사합니다. 타치바나의 친구는 사십대 아저씨를 마음에 두고 있는 타치바나의 마음을 알아차리고 경악합니다. 둘의 로맨스를 예쁘게 꾸며 불편하지 않게 만들어 줄 비현실적인 장치 또한 없습니다. 콘도는 다른 영화의 남자주인공처럼 멋지게 나이든 중년의 모습이 아니라 무기력하고 후줄근한 보통 아저씨로 묘사되고, 타치바나 또한 그 나이에 맞게 자기중심적이고 미성숙한 십대로 묘사됩니다.

한때 고등학교 육상부의 유망주였던 여고생 타치바나는 아킬레스건 파열로 선수를 그만둡니다. 부상의 충격이 너무나 컸던 그녀는 재활을 시작할 엄두조차 내지 못합니다. 자신의 모든 것이었던 육상을 잃어버린 그녀는 방황합니다. 어느 날 비를 피하러 잠깐 들어간 패밀리 레스토랑에서 우연히 보인 점장 콘도의 호의는 그녀를 지탱할 모든 것이 되고 그녀는 앞뒤 가리지 않고 콘도에게 돌진합니다. 그 감정이 이성에 대한 사랑인지, 부족한 부성애에 대한 욕구인지, 아니면 단지 현실에서 도망가고자 하는 바람인지 명확히 알지도 못한 채로요.

콘도는 자신이 젊음에게 버림받았다고 생각합니다. 소설가의 꿈을 쫓던 그는 꿈으로 인해 너무나 많은 것을 잃었고 자신과 다르게 성공한 소설가로 이름을 날리고 있는 친구를 질투하며 괴로워합니다. 그가 극중에서 타치바나와 거리를 두려고 할 때 나온 '나는 껍데기뿐인 남자'라는 한마디에서 그가 바라보는 자신의 인생이 어떤 것인지 알 수 있습니다. 젊음은 나이든 이에게 눈이 부시도록 아름다운 동경의 대상이 되기도 하지만 때로는 무서울 정도로 폭력적인 면 또한 존재합니다. 지나가 버린 젊은 시절은 누군가에게는 자신의 인생이 불행한 이유이자 너무나 시리

부서진 마음은 정답을 알면서도 고르지 못한다.

게 아픈 상처이기도 합니다.

꿈이 주는 시련에 상처받은 젊은이의 저돌적인 구애에 꿈을 잃은 중년은 답변을 강요받습니다. 그리고 이것은 그에게 아픈 과정입니다. 그는 젊음에게 버림받은 남자니까요. 젊음을 잃은 이에게 타인의 젊음은 강한 상실감을 주니까요. 혹자는 타인의 젊음을 이상화하고 이에 대비되는 자신의 현재를 평가절하하며 좌절에서 빠져나오지 못하게 되기도 합니다. 반대로 자신의 좌절 감을 방어하기 위해 요즘 젊은이는 어리석거나 나약해 빠졌다는 식으로 젊음을 평가절하하거나 증오하기도 하지요. 심한 경우는 타인의 젊음을 성적으로 다루거나 또는 물질적으로 착취하는 미성숙하고 이기적인 방식으로 자신의 결핍을 메우려고 하기도 합니다.

45세의 이혼한 중년 아저씨와 17세 여고생의 로맨스라는 민감한 소재를 다루면서도 천박함이 느껴지지 않는 이유는 영화가 인간을 묘사하는 방식 때문이리라 생각됩니다. 이 영화는 젊음을 여성의 육체나 아름다움 등으로 성적 대상화한 후 탐욕스럽게 소모시켜 버리지 않습니다. 처음에는 나이 차가 많이 나는 두 사람의 불편한 로맨스로 시작했던 이야기는 두 사람의 삶과 좌절을 묘사하며 인간의 이야기로 확대됩니다. 콘도는 나이 먹고 냄새나는 아저씨에서 한때 젊음과 꿈을 가졌고 지금은 잃어버린 것들에 대한 미련을 안고 사는 아픈 어른이 되고, 타치바나는 젊고 미성숙하고 아름답기만 한 여고생에서 꿈을 잃고 상처받은 청춘으로 거듭납니다.

그렇기 때문에 영화는 세대와 성별이 전혀 다른 두 사람의 비현실적인 만남과 접점만큼이나 두 사람 각자의 현실적인 생활과 인간관계에 많은 장면을 할애합니다. 나이와 성이라는 인물을 묘사하는 가장 손쉽고 자극적인 소재에서 벗어나 삶이라는 그 나머지를 묘사합니다. 그럼으로써 영화 속 인물은 생명력을 얻고 그 생명력을 통해 영화는 좌절된 꿈에 아파하는 두 사람이 서로 다른 세대가 상징하는 인생의 고난을 함께 피해가는 이야기로 변화합니다. 분열된 인간의 속성이 한데 모이고, 모순적인 젊음의 특성이 조합되어 남녀의 이야기가 아닌 인간의 이야기가 완성됩니다. 우리가 누군가를 깊이 이해하고자 할 때 반드시 취하는 방식들이죠.

헝가리의 소아과 의사이자 심리분석가인 마가렛 말러는 아이가 물리적으로 심리적으로 하나였던 엄마에게서 분리되어 하나의 독립적, 심리적 개체로 탄생하는 과정인 분리-개별화separa-tion-individuation process 과정에 대하여 기술합니다. 이 과정을 통해 아이는 모든 것을 제공해주고 언제라도 나를 지켜주는 존재인 줄 알았던 엄마가 사실 나와는 분리된 존재이며, 자신이 원할 때 엄마가 항상 곁에 있어줄 수만은 없다는 것을 깨닫게 됩니다. 여러 번의 좌절, 세상이 없어지는 것만 같은 두려움, 독립과 화해의 과정을 통해 아이는 대상-항상성object constancy을 확립합니다. 엄마가 자신을 만족시키든 만족시키지 못하든 엄마에 대해 고정된 이미지를 유지할 수 있게 되는 거죠.

우리가 청춘과 작별을 고하고 점차 젊음을 잃게 되는 과정도 이와 비슷한 측면이 있습니다. 항상 곁에 있을 것이라 믿었고 영원하리라 믿었던 젊음에서 서서히 분리되면서 우리는 젊음 없이 살아가는 법을 연습하게 됩니다. 멈춰있는 줄로만 알았던 시간은 사실 무섭게 흐르고 있었고 결코 내게 오지 않으리라 생각했던 인생의 노년기가 저 멀리서 보이기 시작하죠. 시간은 우리를 강하고 성숙해지게만 하는 줄 알았는데 이제 시간의 흐름은 우리에게 주름이 지고 군살이 붙게 하는 노쇠의 증거가 됩니다. 청춘이 지나가는 것을 두려워하고 더 이상 젊지 않다고 느끼는 자신에 대하여 두렵고 비참한 기분이 들기도 합니다. 이 과정에서 느껴지는 생의 유한함에 대한 불안과 방황은 마치 영원할 것 같았던 엄마에게서 독립하여 세상으로 나아가는 아이의 불안과도 닮아있습니다.

그렇기 때문에 콘도는 보게 됩니다. 자신이 동경하는 청춘의 화신이 아니라 무섭도록 폭력적인 젊음의 속성에 아파하는 인간으로서의 타치바나를요. 콘도가 소설로 상징되는 청춘을 잃어버리고 계속해서 미련을 가지며, 이 모든 것을 가졌던 행복했던 시기를 아이처럼 그리워했던 것처럼, 타치바나 또한 육상이라는 목표를 잃고 처음 맞는 좌절에 아파하며 자신보다 강하고 따뜻한 존재를 끊임없이 그리워하고 찾아왔음을. 젊음을 가진 자와 젊음을 보내버린 자가 가지는 인생의 아픔은 다르지 않았기에 함께 비를 피하던 둘은 서로의 거울이 되어 상대방을 비춥니다.

인생의 모든 시기에 우리들은 누구나 아이처럼 방황하게 되기에 인간은 때로는 서로에 대하여 강렬한 동질감을 느끼게 됩니다. 이는 나이와 성별과 상황을 뛰어넘는 공감의 기반이 되어주죠. 이 사실은 우리가 서로로부터 위로받을 수 있도록 하고 동시에 우리를 좌절에 지지 않게 해줍니다. 우리는 타인의 인생사를 보며 깨닫기도 합니다. 나이듦은 젊음을 박탈당한 상태가 아니라 젊음에서 이어져온 상태였고, 삶이란 끊임없이 무언가로부터 분리되고 독립되어가는 과정이라는 것을요.

동시에 이는 콘도와 타치바나가 비가 그친 뒤 서로를 떠나야 하는 이유가 되기도 합니다. 나의 모습과 닮아있다 한들 타인의 젊음은 나를 위해 존재하는 것이 아니기 때문입니다. 타치바나의 청춘은 콘도를 위로하기 위해 존재하는 것이 아니며 콘도의 삶 또한 타치바나의 아픔을 채우기 위한 것만은 아니었습니다. 타인의 인생에 공감할지언정 타인의 시간은 나의 것이 될 수 없었습니다. 두 사람에게 필요했던 건 서로의 결핍을 상대방에게서 채우기 위한 융합과 공생이 아니라 상대방의 삶에서 용기를 얻어 자신의 삶을 긍정하게 되는 내재화와 성장이었지요.

어느 비 오는 날 밤 콘도를 의지하려 그의 집으로 찾아온 타치바나는 자신도 이해하지 못할 격정에 그를 끌어안습니다. 콘도는 타치바나를 잠시 안았다가 결국 밀어냅니다. 모든 걸 아는 아픈 어른은 처음 아파본 아이에게 그녀가 언젠가는 이해하게 될 위로의 말을 남깁니다. 지금의 아픔이 언젠가 너를 위로하게 될 것임을. 그렇게 두 사람은 원래의 자리로 돌아가게 됩니다. 우리가 하나의 개별화되고 독립된 존재로서 자신의 인생을 살기 위해 엄마와 이별했던 것처럼, 비가 갠 어느 날 둘은 서로에게 독립하여 각자의 인생을 향해 걸어가기 시작합니다.

잃어버린 청춘은 뭐든지 가능했던 눈부신 시간만은 아니었습니다. 빛 뒤에 가려졌던 처음 세상에 발을 내딛었을 때의 두려움, 시련 앞에 홀로 선 자의 고독함 또한 존재했습니다. 콘도는 자신을 의지하러 온 가냘프고 떨리는 어깨에서 자신만큼이나 아프고 고독한 청춘의 모습을 봅니다. 두려움에 떨며 발을 떼지 못하는 여린 소녀의 등을 가만히 밀어주며 콘도는 깨닫습니다. 내가 아팠던 것은 청춘이 지나갔기 때문이 아니라 자신 또한 그녀처럼 두려움에 발을 떼지 못하고 있었기 때문이었음을. 내 안의 불씨는 지나가버린 청춘과 함께 인생 어딘가에 두고 온 줄 알았건만, 멈춘 것은 나였을 뿐 지금도 그 찬란함과 잔인함을 함께 가진 불씨는 이름과 형태만 바뀐 삶이라는 모습으로 내 곁에서 타오르고 있었음을요. 콘도는 아주 오랜만에 자신을 긍정하고 책상에 앉아 원고지를 채우기 시작합니다.

타치바나는 함께 비를 피하던 강하고 따뜻한 존재의 그늘에서 벗어납니다. 어른은 전혀 강하지도 완성되지도 않았고, 오히려 나만큼 상처를 잘 받기도 하고 넘어져서 울기도 하는 그런 존재였습니다. 그럼에도 불구하고 자신의 인생을 긍정하고 내 등을 밀어줄 수 있는 따뜻함 또한 가지고 있었죠. 감당할 수 없던 젊음에 울던 소녀는 젊음을 잃어버린 어른에게 다시 일어나는 법을 배웁니다. 그녀는 집에 버려둔 스파이크를 다시 꺼내 신습니다. 타치바나는 마침내 다시 달리기 시작합니다.

젊음은 보내고 있는 동안에는 그것이 너무나 당연하지만, 잃어

부서진 마음은 정답을 알면서도 고르지 못한다.

버린 후에는 지나치게 과대평가됩니다. 그래서 우리는 청춘의 여러 가지 속성 중에서 일부만 분리하여 생각하고, 그럼으로써 너무나 쉽게 이상화하고 평가절하하기도 합니다. 하지만 청춘은 우리에게 뭐든 가능하게 해주는 만능의 열쇠같은 것이 아니었습니다. 그것은 이름만 다른 삶의 한 모습이었죠. 그리고 이제 우리는 '청춘'으로부터 독립하려 합니다.

어머니로부터 성공적으로 독립한 아이는 어머니를 영원히 잃어버리는 것이 아니라 고독 속에서도 따뜻한 존재를 떠올리며 세상을 향해 나아갈 수 있게 됩니다. 청춘으로부터 독립한 어른은 무엇을 얻게 될까요? 아마도 그것은 언젠가 내 인생과 나의 유한함을 깨닫게 될 때 그것에 주저앉지 않고, 아직도 남아있는 눈앞의 길로 용기 있게 걸어 나갈 수 있는 믿음과 긍정이리라 생각합니다.

함께 비를 피하며 견뎠던 두 사람은 어느 맑게 갠 하늘 아래 다시 만납니다. 비를 피하면서 나눴던 두 사람의 유대의 감정은 사랑이었을까요? 서로에게서 자신의 모습을 비추어 보는 한 우리는 그것이 타인에 대한 사랑인지 아니면 스스로에 대한 사랑인지 구분할 수 없게 되지요. 우리가 한 명의 독립된 존재가 되어 현재의 모습을 받아들이며 자신의 모습을 긍정할 때 우리는 우

리의 사랑이 어디에서 비롯되었고 누구를 향하고 있는 지 진정
으로 알 수 있게 됩니다. 그래서 우리는 사랑을, 비를 피하며 하
지 않습니다. 우리는 사랑을 비가 갠 뒤처럼 합니다.

부서진 마음은 정답을 알면서도 고르지 못한다.

당신,
스스로를 벌주고 있군요.

그날 본 꽃의 이름을 우리는 아직 모른다, 2013, TVA, 나가이 타츠유키

어린 시절부터 비밀기지에 모이곤 했던 진타와 단짝 친구 5명, 이들 사이에서 첫사랑이 수줍게 피어오르던 어느 여름날, 갑작스러운 사고로 이들 중 한 명인 멘마가 세상을 떠납니다. 각자 다른 마음의 상처를 뒤로 하고 이들은 뿔뿔이 흩어지게 됩니다. 5년 후, 등교를 거부하고 집에서 외톨이로 지내고 있던 진타 앞에 멘마의 유령이 나타납니다. 처음에는 그녀의 존재를 단순히 환각으로 치부하던 그였지만, 그때 그 시절의 순수함을 간직한 그녀의 천진난만함에 점차 그녀의 존재를 믿게 됩니다. 진타는 그녀의 소원을 이루어주기 위하여 다시 세상 밖으로 나가 옛 친구들을 찾아 나섭니다.

재경험 – 친구의 죽음과 함께 멈춰버린 남겨진 이들의 시간

PTSD란 이름으로 널리 알려진 외상후스트레스장애는 한 가지 또는 그 이상의 외상성 사건에 이어 나타나는 재경험, 회피, 각성과 반응성의 변화 등을 특징으로 하는 정신질환입니다. 외상성 사건이란 전쟁, 사고, 자연재앙, 폭력 등에 대한 직접적인 경험이 될 수도 있고 때로는 이러한 사건들이 가족 또는 가까운 사람에게 일어난 것을 알게 되는 간접적인 경험일 수도 있습니다. 외상후스트레스장애를 겪게 된 환자들은 그 같은 경험과 그것을 떠올리게 하는 자극에 대하여 심한 공포와 무력감을 품게 됩니다. 이들의 마음속에는 외상 당시의 장면과 기억이 끊임없이 반복되기 때문에 일어났던 사건을 떠올리는 것을 고통스러워하게 되며 심한 경우 외상의 존재를 부정하기도 합니다.

영화 초반부, 우리는 멘마가 죽은 후 남겨진 다섯 친구의 망가진 일상을 보게 됩니다. 주인공 진타는 행동력 있고 쾌활했던 어린 시절과는 달리 등교는커녕 집 바깥으로 나가기도 꺼립니다. 그는 대부분의 시간을 집에서 자거나 게임을 하며 보냅니다. 유키아츠는 겉보기에는 모범생처럼 보이지만 당시의 이야기만 꺼내면 이성을 잃고 난폭해지는 모습을 보이며 심지어 밤이면 죽은 멘마의 모습으로 변장을 하고 존재하지 않는 멘마와 대화를 하는 등의 이상행동을 보입니다.

멘마의 죽음을 가장 가까이에서 목격하고도 두려움에 아무것도 하지 못한 폿포는 스스로 돈을 벌어 해외를 탐험하는 등 적극적인 인생을 살아가는 것처럼 보이지만, 사실 이는 멘마의 죽음을 직접 목격한 충격과 죄책감에서 벗어나고자 하는 필사적인 발버둥에 불과한 것으로 드러납니다. 결국, 남겨진 아이들 모두 5년의 세월이 흘렀음에도 불구하고 당시의 사건으로 끊임없이 고통받으며 살아갑니다. 마치 친구의 죽음과 함께 시간이 멈춰버린 것처럼 말입니다.

“내일 사과하면 될 거라 생각했었다.
하지만 그 다음 날은 영원히 오지 않았다.”

회피 – 심각한 외상을 경험한 아이들에게 조기치료가 필요한 이유

물론, 이들 중 모두에게 외상후스트레스장애 진단을 내릴 수 있는 것은 아닙니다. 어떠한 사람들은 극심한 정신적 외상을 겪고도 일상생활을 잘 유지하는 반면, 어떠한 사람들은 보통 사람 기준에서는 크게 심하지 않은 사건에도 증상을 일으키기도 합니다.

그러나 중요한 것은 이들 5명 모두가 마음속에 심각한 상처를 입고도 그것을 마주보기 두려워하며, 동시에 나머지의 삶 전체가 그 사건의 영향력에서 벗어나지 못하고 있다는 점입니다. 겉으로는 당시를 극복하고 편안한 인생을 살아가는 것처럼 보였던 나머지 두 명의 친구들도 당시의 죄책감과 주변에 대한 미움, 열등감으로 망가져 갑니다.

극중에서 별명은 이들의 심리 상태를 나타내는 중요한 소품입니다. 이들은 평온하고 침착한 상태를 보이다가도 진타가 예전 이야기를 꺼내거나 그들을 당시의 별명으로 부르자 크게 동요하며 화를 냅니다. 과거의 외상적 사건으로 고통받는 환자들은 외상적 사건과 유사하거나 상징적인 내적, 외적 단서에 노출되었을 때 매우 강렬한 심리적 고통을 느끼게 됩니다. 따라서 이와 관련된 생각과 느낌, 행동을 필사적으로 피하는 '회피'라는 증상을 보이게 됩니다. 그러나 '회피'는 이들의 고통을 경감시켜주지 못합니다. 진타와 폿포가 과거를 떠올리게 하는 어떤 단서도 피하고자 모든 사회적 접촉을 차단한 후에도 이들의 무기력함과 죄책감, 공포는 사라지지 않았습니다. 유키아츠의 경우에는 과거의 상처를 끊임없이 재현하는 반복강박repetitive compulsion을 보이기도 합니다.

'회피'는 이들이 과거로부터 벗어나지 못하게 하는 원인이 됩니다. 받아들이기 힘든 심리적 외상은 때로는 기억의 저편으로 숨겨지며, 우리는 그 고통스러운 기억이 의식으로 떠오르는 것을 피하게 됩니다. 그러나 의식하지 못한다 해도 이 숨겨진 감정과 고통들은 인생 전체에 걸쳐 재경험되며 보다 깊은 상처로 확대됩니다.

"나 봤었어. 그날. 난 무서워서, 여기에 있는 게 무서워서. 도망치고 싶은데 왠지 어떻게 해도 도망칠 수가 없어서. 고등학교에 안가고 멀리 가버리면 바뀔 거라고 생각했어. 하지만! 돌아오게 돼! 그곳으로!"

슬픔을 슬픔으로, 고통을 고통으로 받아들이는 것

애착이론의 선구자로 알려진 영국의 정신과 의사 보울비[1907~1990]는 사랑하는 사람을 잃고 비탄[grief]이 발생하고 사라지는 과정을 4단계로 나누어 설명하였습니다. 1단계에서는 멍해지며 현실을 부정합니다. 가슴 속에 알 수 없는 공허감이 생기며 비현실감을 느낍니다. 2단계에서는 고인과 함께 있었을 때의 편안함과 안정감에 절박하게 매달리고 고인을 찾아다니게 됩니다. 3단계에서는 강렬한 무망감과 절망이 엄습하며 인생을 지속해 나갈 수 없을 것 같은 느낌이 들게 됩니다. 4단계에 이르러서야 사람은 인생이 계속될 것이라는 믿음을 회복하게 되며 이에 따라 새로운 패턴의 매일이 시작되게 됩니다. 상실의 슬픔은 완전히 없어지지는 않으나 서서히 인생이 재건되며 상실 후에도 남아있는 인생의 긍정적인 부분을 볼 수 있게 됩니다.

　중요한 것은 각각의 단계는 순차적으로 나타나며 한 단계를 충분히 거치고 경험하지 않으면 다음 단계로 넘어갈 수 없다는 점입니다. 예를 들면 3단계를 충분히 거치지 않으면 상실을 경험한 개인은 나머지 인생을 분노와 우울에 사로잡혀 살게 되며 인생을 긍정적으로 재구성하는데 있어 문제가 발생하게 됩니다. 그리고 이 극의 주인공 다섯 명은 비탄의 각 단계에서 멈춰버린 이들의 전형적인 문제를 보여줍니다. 이들은 친구의 죽음 후에 슬픔을 표현할 기회도, 추억을 정리할 시간도 가지지 못한 채 흩어져 버렸습니다. 그러나 표현하지 않고 부정한다고 해서 마음속의 슬픔과 비탄이 사라질 리 없습니다. 추억이 주는 기쁨과 아픔을 충분히 이야기하고, 경험하고, 슬퍼하는 과정을 통해서만이 사랑하는 사람과의 이별이 인생에서 새로운 의미를 가지게 되며, 인간은 이 과정을 통해 슬픔의 흉터는 여전히 남아있을지언정 먼 훗날 그 사람과의 추억을 떠올리며 잔잔히 미소 지을 수 있게 됩니다.

부서진 마음은 정답을 알면서도 고르지 못한다.

극 종반부에 드러나는 멘마의 소원은 '어릴 적 어머니를 잃은 진타가 자신의 어머니의 죽음에 대해 충분히 슬퍼하고 울 수 있게 되는 것', 즉 감정의 표현에 의한 상처의 치유였습니다. 그리고 멘마가 죽음으로써 멘마의 소원은 그녀의 친구들 모두에게도 해당되게 됩니다. 이들은 모두 '충분히 슬퍼하지 못한 아이들'이기 때문입니다. 진타와 함께 멘마의 생의 궤적을 찾는 과정에서 아이들은 힘들게 숨겨왔던 '그날'과 마주보게 됩니다. 그리고 이러한 과정은 자신들이 억눌러왔던 부정적인 감정을 해방시키고 추억을 재구성하는 치유의 과정이 됩니다.

"진타는 울지 않아. 아마 내가 이렇게 돼서 계속 혼자 노력하는 것 같아. 그것만은 마음에 걸려. 사실은 좀 더 화내고. 울어줬으면 했는데."

멈춰있던 시간이 흐르고, 과거의 상처는 추억의 아련함으로 남는다.

현재와 과거가 교차하는 죽은 멘마와의 숨바꼭질 장면은 마치 외상후스트레스장애의 치료과정을 보여주는 듯합니다. 이들은 각자 멘마가 죽던 날, 멈춰버린 자신의 시간으로 돌아가 그 날을 다시한번 재현합니다. 그리고 각자 미처 말하지 못하였던 잃어버린 사랑의 감정을, 열등감과 죄책감을, 질투를, 나약함을 고백하게 됩니다. 이들이 행하는 숨바꼭질이라는 행위는 숨겨왔던 상처의 치유를 상징적으로 보여줍니다. 이들은 의식의 저편으로 숨겨 놓았던 자신의 감정을 찾아내 의식으로 '떠올려 기억하고', '느끼고 슬퍼하며', '현실적으로 재구성'하게 됩니다. 그렇게 오래토록 끝나지 않았던 과거와의 숨바꼭질이 끝난 후 친구들은 드디어 멘마와, 그리고 오랫동안 상처받았던 자신과 작별을 고합니다. 멘마 또한 끝내 전하지 못했던 자신의 첫사랑을 진타에게 전하고 환한 미소와 함께 사라집니다. 그리고 이 모든 혼란스러운 감정의 소용돌이가 지나간 후 이들은 서로를 바라보며 잔잔히 미소 짓습니다. 마치 오랫동안 지고 있었던 무거운 짐을 벗어난 것처럼.

오스트리아의 정신과 의사 빅터 프랑클[1905~1997]은 그 자신이 직접 3년간 나치 강제 수용소 생활을 경험하고 저술한 명저 『죽음의 수용소에서』에서 인간이 괴롭고 끔찍한 상황을 견디며 앞으로 나아갈 수 있는 정신적 힘으로 '태도와 자유의 결정능력'을 들었습니다. 책의 원제인 '인간의 의미 탐구[Man's Searching for Meaning]'가 의미하듯이 자신을 둘러싼 시련과 역경에서 스스로 그 '의미'를 찾아내는 것이 불행과 외상을 견뎌낼 수 있는 인간의 원동력이며, 자신의 고통에서 아무것도 느끼지 못하는 '무감각 상태'가

지속되면 고통이 끝난 후에도 고통의 후유증이 지속된다고 말했습니다.

이와 마찬가지로 고통과 슬픔을 인생에서 지우는 것이 아니라 고통을 고통으로, 슬픔을 슬픔으로 받아들이며 내면에서 고통과 슬픔의 의미에 대하여 성찰하며 다룰 수 있게 하는 것이 정신적 외상을 다루는 치료의 핵심이 아닐까 합니다. 과거를 극복하고 살아가는 데 있어서 충분히 사랑하고 기뻐하는 것만큼 중요한 것이 충분히 슬퍼하는 것이라고 생각합니다. 애니메이션 등장인물들이 말하듯 '이별은 혼자서 하는 것이 아니라 둘이서 하는 것'이기 때문입니다. 수많은 꽃이 등장하는 이 애니메이션의 마지막을 장식하는 꽃의 이름은 물망초입니다. 물망초의 꽃말은 다음과 같습니다.

'나를 잊지 말아요.'

분노를 놓지
못하는 당신에게

쓰리 빌보드, 2017, 마틴 맥도나

당신은 분노한 발걸음으로 문을 열고 들어옵니다. 우리에게 허락된 아주 짧은 시간 동안 당신은 당신이 세상으로부터 얼마나 지독한 일을 당했는지, 그리고 당신이 세상을 얼마나 원망하는지를 증명하려는듯 마냥 쏟아냈습니다. 당신은 불꽃이 활활 타오르는 지옥에서 살고 있었습니다. 당신이 응당 가져야 했던 모든 것들은 압제자로부터 모조리 빼앗긴 상태였으며 당신의 주변은 마치 악마와 같은 사람들로 가득 차 있었습니다. 타는 듯한 당신의 고통을 조금이라도 덜어드리고자 잠시 분노를 접어두기를 권하고 세상의 무엇이 당신을 그토록 분노케 하는지를 말해보도록 하였습니다.

부서진 마음은 정답을 알면서도 고르지 못한다.

당신은 분노를 삭히고 괴로운 표정으로 말을 하려다 이내 소중한 것을 손에 꼭 쥐고 놓지 않는 아이처럼 다시 분노를 부여잡습니다. 급기야는 당신의 분노에 동조해주지 않는 나에게 실망감을 표하며 자리를 박차고 나갑니다. 당신이 떠난 자리에 나는 잠시 우두커니 있다가 어떻게 하면 당신을 도와줄 수 있을지를 생각해 보았습니다. 우리가 만나는 시간은 당신이 고통 받은 시간에 비하면 아주 찰나에 불과하죠. 언어는 당신의 고통을 표현하기에는 너무도 부족한 수단이죠. 하지만, 언젠가 당신이 나를 다시 만나러 온다면 이번에는 전하고 싶네요. 딸을 잃은 한 분노에 찬 어머니의 이야기를요.

딸을 강간치사로 잃은 이혼녀 밀드레드는 하나 남은 아들과 함께 분노에 찬 삶을 이어나갑니다. 분노는 그녀의 일상을 잠식해버리고 이제 그녀는 분노 외에는 다른 어떠한 것도 생각할 수 없게 됩니다. 그녀의 모든 내면을 태워버린 분노의 불길은 이제 세상을 향해 옮겨 붙습니다. 그녀는 딸의 죽음을 잊어가는 세상과 범인의 단서 하나 잡지 못한 경찰에게 분노합니다. 밀드레드는 대중들이 딸의 죽음을 잊지 못하도록, 그리고 경찰이 적극적으로 수사하도록 압박을 넣기 위해 그녀가 살고 있는 에빙 외곽의 광고판에 경찰서장 윌러비를 비판하는 세 개의 광고를 냅니다. 그리고 이 세 개의 광고판은 조용했던 마을을 휘저어놓습니다.

"내 딸이 강간당하면서 죽었어."

"근데 아직도 범인을 잡지 못했다고?"

"윌러비 서장, 어떻게 이럴 수 있지?"

하지만 이 영화는 딸을 잃은 어머니의 위대한 투쟁에 대한 영화가 아닙니다. 영화의 다음 장면은 우리의 예상을 배신합니다. 마을 사람들은 분노에 찬 그녀의 광고판을 좋아하지 않습니다. 그녀는 주변 사람들에게 늘 공격적이었고 때로는 자신이 남들에게 욕설을 날리고 폭력을 휘둘렀거든요. 더군다나 그녀가 공개적으로 비난한 윌러비 서장은 마을 사람들의 신망을 받는 인격자였고 췌장암으로 앞으로 살날이 얼마 남지 않았습니다. 밀드레드는 얼마 남지 않은 그의 여생마저 자신의 목적을 위해 이용합니다. 그녀는 자신이 벌인 일이 자극적일수록 사람들의 관심이 사건에 집중되고, 그래야 딸을 죽인 범인이 잡힐 것이라 생각합니다. 그녀는 피해자에서 점점 가해자로 변해갑니다. 급기야 암 투병을 하던 윌러비 서장은 자살해버립니다.

그렇다고 밀드레드가 맞서는 경찰들이 정의롭게 그려지지도 않습니다. 경찰들이 사건 해결의 의지가 낮고 무능한 것 또한 사실이었습니다. 이는 영화의 주인공 밀드레드의 광고판에 그 누구보다도 심한 반감을 보이는 경찰관 딕슨에 대한 묘사로 나타납니다. 거친 성격의 홀어머니를 모시고 사는 경찰관 딕슨 또한 좌절과 분노로 살아가는 인물입니다. 그는 유색인종을 함부로 체포하여 고문을 하고 밀드레드의 광고를 실어준 광고업자 웰비를 2층에서 던져버립니다. 딕슨은 아버지가 돌아가신 후 어려워진 가정 사정 때문에 형사의 꿈을 접어야만 했죠. 그는 그 분노를 세상의 소외되고 차별 받는 이들에게 마구잡이로 발산하는데, 재미있게도 이 마초적인 남자는 어머니에게는 꼼짝 못하는 마마보이로 묘사됩니다. 그의 인종차별주의적 경향은 어머니에게서 물려받은 것으로 보이는데, 이 설정은 주변 사람들이나 미디어가 던져준 혐오를 아무런 비판 없이 받아들이는 사람들에 대한 은유처럼 보이기도 합니다.

어떤 영화들은 보고 나면 마음이 통쾌해집니다. 선과 악을 깔끔하게 두 부분으로 나누고 주인공을 절대적 선에 그리고 반대편에 악당을 배치하지요. 악을 처벌한다는 거대한 명분 아래에서 선한 편인 주인공의 도덕적 딜레마나 흠결은 생략되거나 최소화됩니다. 하지만 영화「쓰리 빌보드」는 이러한 이분법적 구도에서 벗어납니다. 주인공은 피해자로 출발하지만 점점 더 큰 가해자가 되어갑니다. 악인을 잡기 위해 주인공이 노력하는 과정이 점점 주변 사람들과 사회에 큰 피해를 끼치면서 영화 초반의 명쾌한 선악구도를 점점 흐려놓습니다. 이 영화는 분노가 망가뜨리는 어떤 소중한 것들에 대한 영화입니다. 그리고 절대 두 개로 깔끔하게 양분될 수 없는 인간 사회의 회색지대에 대한 영화이기도 합니다. 보고 나면 가슴이 오히려 답답해지지만 우리를 생각하게 해주는 건 이런 영화들이죠.

그리고 이제 영화는 카메라를 돌려 이제는 분노의 상징이 된 세 개의 광고판 뒷면을 보여주기 시작합니다. 딸이 죽던 날, 밀드레드는 자신의 딸과 심한 말다툼을 벌였고 화가 난 그녀는 딸에게 독설을 퍼부었습니다. 물론, 그녀의 말 때문에 딸이 죽은 건 아니었습니다. 하지만 그녀는 끔찍한 죄책감에 시달립니다. 불행히도 죄책감과 좌절을 먹고 거대해진 분노는 범인이나 범죄에 대한 미움, 정의에 대한 갈망으로 향하는 대신, 그녀의 마음을 철저히 망가뜨리고 이제 그녀의 통제를 벗어나 세상을 태워버리려고 합니다. 그녀는 범인을 잡지 못하는 경찰에 대하여 분노하고, 자신의 의견에 동조해주지 않는 세상을 공격하기 시작합니다. 그러자 그녀와 똑같이 증오를 품은 누군가가 그녀의 광고판에 불을 지르고 급기야 그녀는 성급한 오해로 경찰서에 화염병을 던져 불태웁니다.

분노는 달콤하지요. 분노는 우리의 생각을 단순하게 만들고 우리를 행동하게 만듭니다. 분노는 우리의 좌절을 망각하게 하고 행동에 대한 책임이라는 쇠사슬을 벗기고 행동력이라는 날개를 달아줍니다. 책임감과 합리성에서 해방된 우리는 전능감에 취해 평소라면 절대 하지 않을 끔찍하고 비합리적인 행동을 남에게 하게 되기도 합니다. 분노에 잠식된 우리는 그 끔찍한 행동들마저 세상을 정화시키는 계몽활동처럼 느끼고 정당화합니다. 그리고 우리를 자제시키려 하는 사람에게 분노의 방향을 돌리기도 합니다.

하지만 분노는 결코 우리를 자유롭게 하지 않아요. 분노가 끝나면 우리는 어쩔 수 없이 좌절했던 비참한 나로 돌아가기 때문에 이 찰나의 안식을 이어나가기 위해 분노를 유지시킬 컨텐츠와 분노를 쏟아 부을 대상에 탐닉하게 됩니다. 혹자는 폐쇄된 집단을 만들어 그 안에 들어가 자신과 마찬가지로 분노한 이들과 절대 그곳에서 나오려 하지 않기도 하고, 어떤 이들은 분노를 쏟아 부을 다른 대상을 찾아 자신의 분노를 전치하게 되기도 하죠. 대게 그 대상은 내가 분노를 마음껏 표출해도 될 만큼 안전한 소외되고 약한 이들이기가 쉽지요.

딕슨은 자신의 상황을 극복하기 위해 애쓰는 대신, 자신이 지켜주어야 할 소외된 사람들에게 폭력을 휘두릅니다. 밀드레드는 자신의 광고판이 불에 타자 누가 불을 질렀는지 알아보지도 않고 경찰서에 불을 지릅니다. 하지만 결과적으로 누구도 분노를 통하여 자유로워지지는 못했죠. 딕슨은 밀드레드가 지른 불에 큰 화상을 입고 자신이 창문에서 던져버린 광고업자 바로 옆 침대에 나란히 눕게 됩니다. 그렇게도 타인에게 분노 섞인 폭력을 휘둘러대던 밀드레드는 막상 범인으로 의심되는 사람이 눈앞에 나타나자 한마디도 하지 못합니다. 결국 방향을 잃어버린 분노는 아무것도 해결해주지 못했습니다. 남은 것은 자신의 분노로 인하여 상처받은 사람들과 분노 외에는 아무것도 남지 않은 자신들 뿐이었죠.

　출구를 찾지 못하던 분노를 상징하던 세 개의 광고판에 대한 영화의 이야기는 자살한 경찰서장 윌러비가 남긴 유서로 크게 흔들립니다. 윌러비는 유서로 자신이 범인을 잡지 못했음을 정중히 사과하고 자신도 이로 인해 마음이 아팠음을 고백합니다. 하지만, 그는 자신의 죽음은 광고판과는 상관없다며 선을 그으며 분노의 확대를 막습니다. 동시에 이를 증명하기 위해 밀드레드의 광고판을 유지하기 위해 익명으로 돈을 보낸 것이 자신임을 밝힙니다. 밀드레드는 세상 모두가 자신처럼 분노하기를 원했고 윌러비는 자신의 죽음으로 인하여 누군가가 새로이 분노하지 않기를 바랍니다.

부서진 마음은 정답을 알면서도 고르지 못한다.

윌러비는 딕슨에게도 편지를 남깁니다. 그는 딕슨에게 분노로는 원하는 것을 아무것도 얻지 못할 거라 전합니다. 그리고 분노에 사로잡히지 말고 침착하게 생각할 것을 당부합니다. 영화에서 우리에게 보여주었듯이 방향을 제대로 찾지 못한 분노는 결국 우리에게 미래를 위한 동력과 세상에 대한 신뢰를 빼앗기 때문이죠. 붕대를 칭칭 감은 채로 누워서, 자신 때문에 절뚝이는 광고업자 웰비가 건네준 오렌지주스를 보며 딕슨은 생각에 잠깁니다.

결국 영화의 마지막은 그 누구보다도 큰 분노로 서로를 증오해왔던 밀드레드와 딕슨 두 사람이 연합하여 아직 확실하지 않은 범인을 잡으러 떠나는 장면으로 끝납니다. 이 마지막 장면은 두 가지 의미를 담고 있습니다. 첫 번째 의미는 밀드레드와 마지막으로 연합한 것이 딕슨이라는 점입니다. 사실 밀드레드와 딕슨은 서로를 증오할 이유가 전혀 없었죠. 하지만 밀드레드의 방향을 잃은 범인에 대한 증오심이, 딕슨의 방향을 잃은 자신의 인생에 대한 한탄이 서로를 증오의 전쟁 속으로 몰아넣었습니다. 그리고 둘의 분노는 방향을 찾았기에 서로를 그토록 미워했던 두 사람은 이제 든든한 동료가 되어 범인을 잡으러 갑니다.

두 번째 의미는 두 사람이 마지막으로 나누는 대화에서 드러납니다. 둘은 자신들이 잡으러 가는 남자가 범인인지 확신할 수 없는 상태입니다. 예전의 그들이라면 앞뒤 가리지 않고 그 남자를 죽이려 들었겠죠. 하지만 둘은 그 남자를 찾아내면 어떻게 할지 가면서 결정하기로 합니다. 그들이 분노에 차 있었을 때 밀드레드와 딕슨은 그 자리에 앉아서 지나가는 사람들에게 분노와 저주를 퍼부었을 뿐이었습니다. 하지만 분노를 버리고 생각하기 시작하자 비로소 이들은 일어서서 문제를 향해 걸어가기 시작합니다. 이제 그들은 더 이상 앉아서 분노하지 않고 가면서 생각합니다. 자신들을 괴롭히던 문제를 해결하고 세상을 바꿀 수 있는 작은 희망을요.

아마 당신이 누군가에게 지독한 일을 당했더라면, 그래서 당신이 그 일로 좌절해서 일어설 용기를 잃었다면, 아마도 당신의 눈에 비친 세상은 아주 단순할거라고 생각합니다. 나와 같은 상처 입은 사람들, 나를 괴롭히는 악마 같은 세상. 상처받은 마음은 좌절로 가득 차 있기에 너무나 쉽게 세상의 모든 복잡한 요소들을 단순하게 규정짓고, 그리하여 나뉜 공간에 자신의 분노를 채워 넣습니다. 그 단순한 세상에서 분노를 발산하는 동안 당신은 당신의 좌절을 잊고, 잠시의 활력을 얻고, 어쩌면 동지를 얻어 위안받고 있는 것처럼 보일지 몰라요. 하지만 우리는 이제 알죠. 분노가 그동안 당신과 당신 주변을 얼마나 망가뜨려 왔는지를요.

부서진 마음은 정답을 알면서도 고르지 못한다.

일단 당신 눈앞의 분노하라고 속삭이는 목소리들을 끄세요. 누군가를 증오하라고 끊임없이 외치는, 함부로 누군가를 악마로 규정하고 일부의 치부를 돋보기로 확대하여 세상이 얼마나 끔찍한지 증명하여 당신을 계속 분노하게 만들려는 그런 영상과 드라마, 댓글들 말이에요. 좌절에 빠진 당신에게 그런 목소리가 얼마나 달콤하고 유혹적일지 알아요. 하지만 누군가 당신을 진정으로 사랑한다면, 그 사람은 좌절에 빠진 당신에게 다가와 더욱더 분노하고, 미워하라고 말하진 않을 거예요.

분노가 보여주는 둘로 나뉜 세상은 그 사이 존재하는 무수한 중립적인 희망마저 절망으로 규정해버린 세상이기에 거기 머물러 분노하고 있는 한 당신은 당신의 문제를 해결할 출발선상에 서는 것조차 어렵게 되지요. 우리 앉아서 분노하고 있지만은 말아요. 대신 두 다리에 힘을 주어 일어나 걸어가면서 분노의 눈이 아닌 우리의 눈으로 직접 세상을 보도록 해요. 그리고 함께 가면서 답을 내는 거죠. 우리가 좌절하게 된 진정한 원인들과 여전히 세상에 남아있는 희망들을요. 괜찮아요. 분노가 없어도 당신은 충분히 괜찮은 사람이니까.

"왜냐하면 진정한 사랑은 차분하고, 차분해져야만 생각을 할 수 있거든.

그리고 무언가를 찾아내기 위해선 생각하는 게 필요할 거야.

분노는 아무것도 해결하지 못하지만 차분함은 할 수 있어.

기분 전환하는 겸 한번 해보는 거야. 행운을 빌어.

넌 참 괜찮은 놈이야. 근데 운이 좀 없더라.

괜찮아. 이젠 너에게 좋은 쪽으로 변화할 거야.

내겐 그렇게 느껴져."

_영화 〈쓰리 빌보드〉 중에서

부서진 마음은 정답을 알면서도 고르지 못한다.

2부

불쾌한 삶에는 늘 내가 없었다.

더는 괜찮지 않다고 내 마음이 신호를 보낼 때

나를
나이게 하는 것

록키 발보아, 2016, 실베스터 스탤론

1970년대 미국에 사는 한 가난한 청년이 있었습니다. 그의 인생은 성공과는 거리가 먼 것이었습니다. 가난한 이민자 가정에서 태어난 그는 의료사고로 태어날 때부터 안면신경마비와 구음장애를 앓았고 친구들로부터 놀림을 당하기 일쑤였습니다. 건강하게 태어난 그의 동생과 끊임없이 비교당하며 집에서도 고독에 시달렸습니다. 그렇게 자라 성인이 된 그에게 세상은 가혹했습니다. 연기에 꿈을 품었지만 성공과는 거리가 멀었고 생활고에 시달리느라 각종 직업을 전전하였습니다.

어느 날 그는 전설적인 복서 무하마드 알리와 무명 복서 척 웨

프너의 시합을 보았습니다. 비록 패배하긴 하였지만, 끝까지 투지를 잃지 않는 무명복서의 모습에 감동을 받아 권투를 주제로 한 영화의 시나리오를 쓰게 됩니다. 그리고 그가 직접 주연을 맡은 이 영화는 어마어마한 인기를 구가하게 되었으며 그는 일약 스타가 됩니다. 벌써 눈치 채셨겠지만 이 이야기는 영화배우 '실베스터 스탤론'과 그의 영화 '록키'에 대한 이야기였습니다.

영화의 제목이기도 한 등장인물 '록키'는 실베스터 스탤론의 페르소나 그 자체입니다. 궁핍하고 미성숙한 29세의 아마추어 무명 복서가 세계 챔피언 앞에서 피투성이가 되어 가며 끝까지 버텨내는 불굴의 의지에, 그리고 퉁퉁 부은 얼굴로 상처 입은 짐승처럼 포효하면서도 연인의 이름을 어린아이처럼 불러대는 연약한 내면에, 사람들은 자신의 모습을 투영하며 열광하였습니다. 그렇게 실베스터와 록키는 남자의 상징이 되었습니다. 그리고 영광의 세월을 뒤로 하고 시간은 흘러갑니다.

'록키 발보아', 40년의 세월에 바치는 헌사

시대의 영웅이었던 록키는 이제 아내의 이름을 딴 작은 레스토랑을 경영하며 조용히 살아갑니다. 그가 링에서 애타게 불렀던 아내는 병으로 세상을 떠난 지 오래며 평범한 회사원인 그의 아들은 아버지의 후광을 버거워 하며 살아갑니다. 그저 평범한 노인이 된 그는 아침에 일어나 애완용 거북이의 밥을 주고 죽은 아내의 묘에 찾아가 우두커니 시간을 보냅니다. 변해버린 것은 록키만이 아닙니다. 사랑했던 아내와의 추억이 어린 거리와 스케이트장은 철거를 앞두고 있습니다. 그가 젊은 시절 도와주었던 비행청소년 마리는 미혼모가 되었고 그의 친구이자 처남 폴리는 세상을 떠난 여동생에 대한 죄책감을 품고 힘겹게 살아갑니다.

이렇듯 변해버린 록키와 그 주변을 통해 영화는 옛날의 관객들을 다시 록키의 세상으로 불러옵니다. 미성숙한 복서의 세상을 향한 고군분투에 함께 울고 웃었던 관객들은 40년의 세월을 뛰어넘어 록키와 다시 만나게 됩니다. 팬과 영화주인공, 배우가 모두 40년의 나이를 먹어서 말이죠. 그렇기에 이 영화는 실베스터 스탤론이 록키에게, 그리고 자신과 함께 해준 팬들에게 바치는 나이듦에 대한 헌사입니다.

"링에서 내려온다는 것. 자네도 경험해보지 않았나? 그 마음 깊은 곳에서의 울림을."

영화 록키 발보아 속 록키는 자신의 음식점에서 그를 찾아오는 손님과 팬들에게 무용담을 들려주며 살아갑니다. 그는 모두가 아는 영웅이며 영광스러운 과거의 추억도 가지고 있습니다. 겉으로는 부족할 것 없지만, 때때로 가슴 속에 풀리지 않는 응어리가 도사리고 있습니다. 그는 이러한 응어리를 '내 안의 괴물'이라 부릅니다. 그 자신조차도 무엇인지 알 수 없는 괴물은 그를 힘겹게 하고 절망하게 하고 종국에는 울음을 터뜨리게 만듭니다.

프로이트는 노인을 사고가 경직되었으며 학습 능력이 부족하여 정신분석에 적합하지 않다는 견해를 피력하였습니다(Freud 1953). 하지만 또 다른 정신분석가들은 이러한 주장에 반대했습니다. 이중 에릭 에릭슨은 초기 성인기까시의 발달로 마무리되는 정신발달의 개념을 생애 전주기로 확장시켰습니다(Erikson 1959). 인생의 단계를 각 단계마다 거쳐야 할 과제에 따라 여덟 개로 나누고 각각의 단계가 단절된 것이 아닌 유기적인 관계라고 생각한 것입니다.(노인정신의학 제 2판, 대한노인정신의학회)

에릭슨은 인생의 마지막인 노년기의 과제를 자아통합성 대 절망감으로 보았습니다. 노년기에 사람의 관심은 미래에서 과거로 옮겨가게 됩니다. 그리고 자신의 생이 가치 있는 삶이었는지 생각하게 됩니다. 확고한 자아통합을 이룬 사람은 자신의 삶의 가치를 확신하고 세상 속에서 자신의 위치를 인정하게 됩니다. 그

불쾌한 삶에는 늘 내가 없었다.

렇지 못한 사람은 자신의 삶에 절망하고 스스로의 늙음을 혐오
하게 됩니다.

록키 "과연 제가 뭘 하고 있는 걸까요? 제가 정말로 정면에서
버틸 능력이 아직 있을지도 모르겠고…, 제 아들 또한 이걸 욕
심이라고 생각할 것 같아요…, 제가 원하는 게 뭘까요. 이런 오
랜 술집을 마치 새로 페인트칠하는 그런 마음?"

마리 "당신은 원래 말이 별로 없는 분이죠. 항상 귀를 기울이거
나 지켜보거나. 하지만 당신이 누구인지, 당신 삶을 채우고 있
는 게 무엇인지…, 우리는 누구나 열정이란 감정을 가지고 살
아가지요. 하지만 그것을 쏟아 부을 기회는 항상 오는 게 아니
죠. 이건 당신이 잡은 기회예요. 왜 안되죠? 이건 당신이 누구
인지, 당신의 삶이 어떤 것인지를 스스로 보여주는 것이잖아
요. 다른 사람들이 당신을 어떻게 보는가는 중요하지 않아요.
그것이 당신에게 어떻게 보이는가가 문제일 뿐이지요."

이처럼 인간의 성격 발달이 전 생애에 걸쳐 이루어진다고 하
는 에릭슨의 이론대로 노년기의 록키는 자아통합과 절망 사이에
서 방황합니다. 마치 지난 세월을 아름답게 회상하다가도 문득
현재의 자신이 아름다웠던 지난날과 너무 동떨어진 것처럼 느껴

저 좌절하는 우리들처럼 말입니다. 가슴이 떨려본지 너무 오래되었기에, 옛날의 영광스러운 시절과 현재의 자신이 너무 멀리 떨어진 것처럼 느껴졌기에 록키는 두려워진 것일지 모릅니다. '어쩌면 나의 모든 인생이 무의미하지는 않았나' 라고 말이죠. 그렇기에 그는 컴퓨터 시뮬레이션으로 재현된 자신과 세계 챔피언 딕슨의 모의경기를 보고 소년처럼 흥분합니다. 그리고 종국에는 늘 자신을 절망으로부터 구해주었던 권투를 통해 자기 인생의 의미를 묻고자 합니다.

"제 요점은 전 무언가를 추구하려고 하는데 다들 그것을 탐탁치 않게 여긴단 말입니다."

링으로 돌아가려는 록키에게 세상의 시련이 다시 시작됩니다. 권투 위원회는 적합한 자격을 가진 록키에게 단지 나이를 이유로 자격을 주기 꺼려합니다. 그리고 그의 아들은 아버지가 나잇값을 못한다며 창피해합니다. 그리고 그와 승부를 펼칠 상대는 록키를 진지한 대전 상대로 인정하지 않습니다. 어쩌면 영화 속 이 상황은 이미 생명이 끝난 록키 시리즈의 후속편을 만들겠다고 선언했을 때 사람들이 보냈던 만류와 비웃음과 닮아있습니다.

모두들 그에게 '노인다움'을 강요합니다. 일선에서 물러나 조용히 살아가는 그런 힘없는 노인 말입니다. 그리고 이 과정에서 야말로 우리가 40년 동안 열광한 록키의 본질이 드러납니다. 바로 세상의 모든 압박에 대한 투쟁입니다. 사실 영화 록키는 권투 경기의 승패가 중요한 영화가 아니었습니다. 록키 1편에서 피칠갑을 하며 '에이드리언'을 부를 때에도 그는 경기의 승패는 안중에도 없었습니다. 그의 도전은 언제나 상대방보다는 세상의 편견과 모순을 향해 있었습니다.

그는 자신에게 정당한 권리를 주려하지 않는 위원회에게 나이와 상관없이 자신의 본능에 귀기울여야 하는 것이 인간의 당연한 권리임을 역설합니다. 그리고 자신의 후광에 짓눌린 아들에게 네가 너무나도 소중하기에, 남들의 목소리가 아닌 자기 자신의 내면의 목소리에 귀기울일 것을 충고합니다.

"넌 타인의 시선에 연연하지 않고 네가 되고 싶은 사람이 될 수 있어.
네 가치를 안다면 가서 너의 가치를 쟁취하거라.
하지만 맞을 각오를 해야 해.

그러니 다른 누구 때문에 네가 있고 싶은 데에 못 있게 되었다고 말하진 말거라.

너 겁쟁이가 아니잖아! 넌 그보다 훨씬 나은 놈이니까!

무슨 일이 있어도 언제나 널 사랑한다.
너는 내 인생의 가장 큰 선물이란다.
하지만 너 자신을 믿지 않으면, 네 삶을 살지 못해."

그리고 전설적인 배경음악인 〈Gonna fly now〉와 함께 록키의
도전이 시작됩니다. 비록 스피드는 떨어졌고, 무릎은 몸을 감당
하지 못하고 관절염으로 신음하지만, 그는 트레이닝을 소화해 나
갑니다. 비록 40년이 흘렀지만 그는 여전히 도전자입니다. 바로
이 시간, 끊임없는 도전과 싸우는 우리처럼 말이죠. 세월을 뛰어
넘어 같은 장소, 같은 음악과 함께 하는 록키의 도전은 영화 팬들
에게 잊지 못할 명장면을 탄생시킵니다.

"아버지, 많은 사람들이 아버지를 보고 웃었지만 지금은 아무
도 우릴 비웃지 않아요."

시합 전의 기자회견에서 그의 상대인 세계 챔피언 딕슨은 시
합 자체를 불쾌해 하며 적당히 봐주면서 할 테니 제대로 할 생
각은 하지도 말라는 으름장을 놓습니다. 사실 딕슨에게도 나름
의 고뇌가 있습니다. 비록 한 번도 진적 없는 무적의 복서이지만

불쾌한 삶에는 늘 내가 없었다.

단 한 번도 치열한 시합을 보여주지 못한 탓에 사람들은 그에게서 챔피언의 기상을 느끼지 못합니다. 승패보다 과정에 열광하는 사람들을 이해하지 못하는 딕슨은 시니컬하고 긍지 없는 복서가 되었습니다. 딕슨 입장에서는 옛날 록키의 인기에 기댄 이런 이벤트성인 경기에 불만을 느낄 수밖에 없습니다.

딕슨 "시작부터가 끝난 시합 아뇨?"

록키 "끝날 때까진 아무것도 끝난 게 아니지"

딕슨 "무슨 80년대 유행어입니까?"

록키 "아마 70년대일거야. 이봐, 챔피언. 자네도 떨리긴 하나?"

딕슨 "난 그럴 필요가 없지."

공이 울리고 이제 록키의 어쩌면 마지막이 될 경기가 시작됩니다. 젊은 딕슨의 맹공격에 맥을 못 추는 록키를 보며 다들 2라운드 KO패를 예상합니다. 어쩌면 이 시합에서 록키가 정말 승부를 펼칠 거라 기대하는 사람은 별로 없을지도 모릅니다. 사람들은 옛날의 영웅인 록키가 링에 돌아온 것에만 집중합니다. 그들이 원하는 건 '노인 치고는' 선방한 록키의 모습이었습니다.

하지만 몇 번을 쓰러져도 다시 일어나는 록키는 마치 강철로 만든 기관차처럼 자신의 복싱을 계속해나갑니다. 점차 경기의 양상은 딕슨에게나, 록키에게나 서로의 펀치를 버티어내는 사람이 승리하는 대등한 난타전으로 바뀝니다. 그리고 나이를 넘어선 두 사람의 투쟁 그 자체에 사람들은 경외심을 느낍니다. 그제야 사람들은 록키의 나이가 아닌, 록키의 투쟁을 바라보기 시작합니다. 그리고 오만했던 챔피언 딕슨마저도 록키의 투쟁심에 자극을 받습니다.

딕슨 "정말 미치게 하네요."
록키 "자네도 마찬가지야."

마지막 라운드까지 오기와 뚝심으로 버틴 두 사람은 결국, 마지막까지 승부를 내지 못하고 판정에 들어갑니다. 하지만, 록키는 40년 전 첫 경기에서 그랬듯 판정에 귀 기울이지 않습니다. 그의 투쟁은 남들을 위한 투쟁이 아닌 자신을 위한 투쟁이었기 때문입니다. 그리고 바로 그 순간, 그는 자신을 그렇게나 괴롭혀오던 내면의 짐승이 사라졌음을 깨닫습니다. 그렇게 록키는 만족스러운 표정으로 링에서 내려옵니다.

록키가 이 경기에서 얻은 것은 사실 제 3자의 눈으로 보면 아무것도 없습니다. 그럼에도 불구하고 모두가 반대하던 이 경기에서 그는 무엇을 확인하고 싶었을까요? 아마 그는 자신의 전 인생

불쾌한 삶에는 늘 내가 없었다.

이 사실은 도전의 연속이었고, 그 도전이 지금도 계속되고 있음을 확인하고 싶었는지도 모릅니다. 경기 이전의 그가 자신의 나이듦에, 변해 버린 세상에 절망하였다면, 경기가 끝난 후의 그는 여전히 도전이 넘치는 자신의 인생과 세상에 무한한 감사를 느낍니다.

40년 전 그가 피투성이가 된 얼굴로 연인인 '에이드리언'을 불렀듯이 이번에도 그는 퉁퉁 부은 얼굴을 하고 에이드리언의 무덤을 찾아갑니다. 어쩌면 에이드리언의 무덤 앞에서 독백으로 처리된 마지막의 대사는 영화의 감독이자 록키인 스텔론이 자신의 인생과, 자신과 함께 해준 팬들에게 바치는 감사일지도 모릅니다.

"당신 알지? 당신 없이는 난 아무것도 못 해냈을 거라는 거…, 이봐 에이드리언, 우리가 해냈어."

사랑받고 싶은
갈망을 사랑한다.

버드맨, 2014, 알레한드로 곤잘레스 이냐리투

우리는 모두가 한때 요즘 말로 '리즈 시절'이라 부르는 빛나는 시기가 있었음을 기억합니다. 내가 내 인생의 주인공이라 믿어 의심치 않았고, 세상이 나를 위해 준비된 무대라 생각하고 거침없이 무대의 계단을 오르던 그 시기 말이죠. 젊음과 패기라는 두 날개를 달고 세상을 날아다니던 그 시기에 나는 세상에서 하나뿐인 주인공이었고 나의 고난마저 신화 속 영웅의 시련으로 생각될 만큼의 낭만이 있었습니다. 하지만 나이를 먹어가고, 현실 속에서 구르며 우리는 싫어도 깨닫게 됩니다. 사실 나는 세상의 주인공이 아니었고, 나에게 닥쳐오는 시련과 고난 또한 그렇게 특별하지도, 그렇게 숭고하지도 않은 이 세상에 존재하는 수백만의

불쾌한 삶에는 늘 내가 없었다.

평범한 사연 중 하나였다는 것을 말입니다. 특별함이 평범해지고 타인과 나의 구별점은 사라지고, 이 세상 유일무이의 하나뿐인 보석이 바닷가의 모래알들 중 하나로 변하는 그 순간, 나는 사라져도 세상에 아무런 흔적조차 남지 않는 있으나 마나 한 존재로 떨어지죠. 당신은 그 순간을 견딜 수 있나요?

한때 슈퍼히어로 영화 '버드맨'의 주연으로서 돈과 명예를 한 몸에 거머쥐었던 영화배우 리건 톰슨^{마이클 키튼}은 지금은 전혀 주목받지 못하는 퇴물배우에 불과합니다. 그는 빛났던 과거와 암울한 현재와의 괴리에 고통받는 동시에 머릿속에서 끊임없이 자신을 힐난하는 자신의 캐릭터 '버드맨'의 목소리에 시달립니다. 그러던 그가 브로드웨이에서 자신의 모든 것을 건 한 편의 연극을 준비합니다.

재기를 위한 그의 노력은 엉뚱한 방향으로 흘러갑니다. 공연을 앞두고 주연 배우 중 한 명이 부상당하고, 대타로 들어온 괴짜 배우 마이크 샤이너^{에드워드 노튼}는 무대에서 술을 마시고 리건의 연극을 기만합니다. 마약 문제로 재활원에서 나온 지 얼마 안 되는 그의 딸 샘^{엠마 스톤}은 리건에게 아버지는 세상에 없는 것과 다름없는 존재라며 독설을 퍼붓고 평론가는 그의 연극을 '죽여버리겠다'라며 벼르는 가운데 그는 점점 이성을 잃어가죠.

이 모든 악재에도 불구하고 그는 자신이 감독이자 배우인 이 연극을 포기하지 못합니다. 이 과정을 통해 영화가 보여주고자 하는 것은 무엇일까요? 모든 고통을 이겨낸 한 인간의 불굴의 의지를 보여주려고 하는 것일까요? 아닙니다. 영화 버드맨은 인간 승리의 감동의 드라마와는 거리가 멉니다. 재기를 위한 그의 모든 노력은 고난을 이겨내는 투쟁이라기보다는 잊혀지는 것이 두려워 필사적으로 세상에 흔적을 남기고 싶은 발악에 가깝습니다. 이 모든 것을 통해 그는 무엇을 얻고 싶은 것일까요?

그는 세상으로부터 사랑받고 싶어합니다.
단지, 그것뿐입니다.

오늘날 많은 자기개발서들과 성공에 대한 강연들이 자존감에 대하여 말합니다. 주변의 평가가 중요한 것이 아니라고. 중요한 것은 스스로가 스스로를 인정하는 마음이라고. 당신이 주변 사람들로부터 인정받고 싶어 하는 그 마음은, 당신에게 무언가 잘못된 증거라고 말이죠. 정신분석의 아버지 프로이트조차도 이차 자기애, 즉 리비도가 자신에게 집중되어있는 이 상태를 병적인 상태라고 보았습니다. 그렇기에 세상으로부터 인정받고 싶고, 사랑받고 싶어 하는 마음은 종종 미숙하고 어리석은 것으로 간주되고, 조롱거리가 됩니다. 연극 도중 우연한 사고로 팬티 바람으로 거리에 내팽개쳐진 리건이 연극의 마지막 대사를 하기 위해 감행한 필사적인 알몸의 질주가 그것을 구경하는 사람들에게는 비웃음거리가 되듯이 말이죠. 온 힘을 다해 자신의 무대에 다시 도달한 리건은 절규합니다.

"아무도 나를 사랑하지 않아. 왜 나는 항상 사랑을 구걸해야 해?"

그래서 오늘도 우리는 이런 비참한 기분에서 벗어나고자 온갖 종류의 책과 자기개발 동영상을 탐독합니다. 그리고 강박적으로 되뇌입니다. "나는 그 자체로 소중한 사람이야.", "스스로를 인정해야 해.", "인정받고 싶은 이 마음이 잘못된 거야." 라고 말이죠. 하지만 스스로에게 전날 밤 건 이 고고하고 달콤한 마법의 주문은 다음날 출근하자마자 마주친 콘크리트 건물처럼 냉랭하고 단단한 현실의 벽 앞에 허망하게 사라져버립니다. 마치 나를 괴롭히던 일진 앞에 서자마자 흔적도 없이 사라진 허약한 아이의 다짐처럼 말이죠.

리건이 유명배우인 조지 클루니와 함께 비행기에 탔을 때 비행기가 추락할 것처럼 심하게 흔들렸고, 죽음을 눈앞에 둔 가운데, 그는 생각합니다. 자신이 이 자리에서 죽어도 세상은 조지 클루니의 죽음만 기억할 것이라고요. 나의 생명이 덧없이 흩어지더라도 마치 내가 처음부터 존재하지 않았던 것처럼 세상은 그대로일 것이라고요.

자신이 타인에게, 세상에게 의미 있는 존재가 아니라는 느낌은 이렇듯 우리에게 철저한 현실적인 공포와 절망으로 다가옵니다. 겨울바다를 홀로 거닐며 느껴지는 철학적인 고독보다는 아무도 찾아오지 않는 외딴 방에서 병에 걸려 서서히 죽어가며, 여기서 나의 존재가 사라져도 사람들은 여전히 내가 없는 세상에서 나의 죽음도 모른 채 같은 삶을 살아갈 것이라는 철저히 현실적인 공포입니다. 이 자기해체의 불안Self-disintegration anxiety은 혼자만의 성찰이나 깨달음으로 이겨낼 만큼 만만한 게 아니죠.

리건은 과연 사랑받을 만한 사람인가요? 그는 매우 입체적이고 모순에 찬 인물로 묘사됩니다. 그는 상업영화에서 활약하고 있는 다른 배우들을 속물적이라 비난하지만, 그 또한 과거 자신의 캐릭터인 슈퍼히어로처럼 날아오르고 싶어 합니다. 예술을 통해 재기하고자 했지만, 그에게 절실했던 것은 예술을 통해 얻어지는 자신의 존재감이었죠. 그의 신념과 동기는 철저하게 자기 위주였고 그렇기에 그는 모두의 사랑을 받기에는 부족한 존재였습니다.

불쾌한 삶에는 늘 내가 없었다.

그가 존재감을 되찾는 과정은 모두의 공감을 살만큼 숭고했나요? 그의 공연은 큰 주목을 받았지만, 사람들이 주목한 것은 그의 연극의 예술성보다는 전날 그가 타임스퀘어에서 알몸으로 질주한 해프닝이었죠. 더 큰 아이러니는 연극의 마지막 장면에서 일어납니다. 그는 소품용 권총대신 실탄이 장전된 진짜 권총을 들고 무대에 오릅니다. 그리고 연극의 마지막 장면, 그는 귀기어린 연기를 보여주며 자신의 머리에 진짜 권총을 발사합니다. 피를 흘리며 쓰러진 그의 모습에 관객들은 열광하며 기립박수를 선사합니다. 평론가는 그의 연극에 최고의 찬사를 보냅니다. 모순되게도 그는 자신의 존재를 희생하면서 세상 속에서 자신의 존재를 얻었지만, 막상 그의 진심을 이해하는 관객은 한 명도 없었습니다.

바보 같고 의미 없는 이야기처럼 들리나요? 하지만 어떤 상황에서도 한결같이 숭고한 인물은 히어로 영화에서만 존재합니다. 심리적 갈등이 완벽하게 해소되는 순간은 이론에서나 존재합니다. 우리가 인생에서 무언가를 추구하는 과정에서 분명한 기승전결이나 논리적 인과관계가 보이는 경우는 거의 없습니다. 지금 우리가 하고 있는 행동의 의미조차 주어지지 않는 경우가 많습니다. 마치 자신이 감독이자 배우였지만 자신조차도 연극의 결말을 예측할 수 없었던 리건처럼 우리는 모순적인 동기와 철저히 개인적인 욕망을 동력삼아 매번 예측할 수 없는 무대에서 주어진 역할을 갈팡질팡 연기할 뿐이죠.

프로이트와 같은 자아심리학파에서 시작하였으나 훗날 '자기 심리학'이라 불리는 정신분석학파를 정립한 정신분석학자 하인즈 코헛Heinz Kohut, 1923-1981은 자기애에 있어서 프로이트와는 다른 시각을 나타냅니다. 프로이트는 자기애를 추구하는 행위를 발달의 문제이자 타인을 사랑하기 위해 포기되어야 하는 것으로 보았습니다. 반면에 코헛은 자기애의 추구를 인간의 자연스러운 성장에 반드시 필요한 것으로 보았습니다. 즉, 인간이 생존하려면 물이나 산소가 필요하듯이 자기 자신이 반영될 누군가나 어떠한 것이 반드시 필요하다고 주장한 것입니다. 그리고 이 끊임없는 반영과 반영된 결과를 다시 자신의 것으로 받아들이는 과정을 통해 응집된 자기, 즉 내 자신이 여기에 통합되어 존재한다는 믿음을 가지게 된다고 말합니다. 그렇기에 그는 인간의 문제를 갈등보다는 결핍의 문제로 바라보았고 치료자의 공감의 중요성을 강조하였습니다.

그렇기에 우리는 눈치보고, 깨지고, 두려워하고, 헤매고, 때로는 자신을 팔면서도 매일 아침 세상이라는 무대에 오릅니다. 자신을 팔면서, 신념을 포기하면서, 이상과는 점점 거리가 멀어지면서도 무대를 포기하지 못하죠. 스스로가 생각하기에도 지극히 속물적인 내가, 사랑받기에 적합한 존재인지 도무지 확신할 수 없으면서도 비웃음을 감내하면서 무리수를 뒤가면서 수많은 관객들 앞에서 필사적으로 다음 대사를 이어갑니다. 인간이 자기 자신을 세상에 반영시킬 때 내가 세상에 존재한다는 그 실감을 느끼고, 비로소 나는 내가 분명히 여기에 하나의 존재로 존재하기에, 인생의 모든 과정은 당장에는 모순과 혼돈으로 가득 차 있는 것으로 보이지만, 크건 작건 나름의 의미를 가지죠. 비록 당장에는 우리가 그 과정 한가운데에 있기에 의미를 느끼지 못하더라도 말이죠.

리건은 병실에서 눈을 뜹니다. 총알은 기적적으로 그의 생명을 빼앗지 않고 코만 날려버리고 지나갔습니다. 매스컴은 그의 연극의 위대함을 칭송하고 창밖에는 그의 쾌유를 비는 촛불시위가 열립니다. 그래요. 그는 그가 그렇게 원하던 존재감을 얻었습니다. 단, 그가 전혀 예상치 못했던 방식으로요. 코와 눈에 붕대를 칭칭 감은 그의 얼굴은 어딘지 모르게 버드맨을 닮아있습니다. 그는 세상에 자신을 반영시키고, 그 반영시킨 세상을 또다시 자신의 것으로 받아들였습니다. 영화의 마지막 장면 창문에서 뛰어내린 리건의 모습은 소멸의 공포에서 자유로워진 그의 비상을 뜻할까요? 아니면 끝내 버드맨에서 벗어나지 못한 그의 추락을

뜻하는 걸까요? 한 가지 확실한 것은 그는 최선을 다해 그의 무대에서 연기했다는 점입니다.

우리는 세상으로부터 사랑받고 또 공감받고 싶어합니다. 그리고 그것은 쉬운 일이 아니기에 우리는 헤매고, 방황하고, 초조해 합니다. 하지만, 물에 빠진 사람이 산소를 찾는 것을 미성숙한 자의 어리석은 욕심이라고 보지 않듯이 이 고통은 제거해야 할 병이나 당신의 정신적 문제를 의미하지는 않습니다. 당신의 마음이 무언가 잘못된 것은 더더욱 아니고요. 지금 당장 당신 인생의 의미가 보이지 않는다고 해서, 세상으로부터 공감받는다는 느낌을 받지 못한다고 해서 자신을 공감해주고 반영받기를 원하는 당신을 사랑을 구걸하는 불쌍한 존재처럼 볼 필요는 없습니다.

존재에 대한 나의 고민, 나의 좌절, 나의 욕구 그 하나하나가 모두 당신이 세상 속에 존재한다는 증거입니다. 결코 완벽하지 않았고, 그렇기에 세상으로부터 바라는 게 많아서 치열하게 고민했던 당신의 젊었던 시절이 지금에 와서는 인생의 빛나는 계절로 기억되듯이 존재의 성숙이란 세상과 독립된 존재가 되는 것이 아니라 세상과의 관계가 질적으로 성숙되는 것입니다. 그렇기에 생은 뭐라고 불리던 간에 그 자체로 의미를 가지죠.

그렇기에 당당히 오르세요. 당신의 무대로. 지금 당장 의미나

불쾌한 삶에는 늘 내가 없었다.

성과가 보이지 않는다고 너무 좌절하지도 말구요. 사랑받고 싶은 나의 목마름이 속상할지라도, 나의 이 마음이 너무나 자기중심적이고 유치해보일지라도 그 마음을 종양처럼 적출해버리려고 지금 이 순간을 낭비하지 마세요. 그저 최선을 다해서 당신의 무대에서 당신을 보여주고 돌아오세요. 그리고 언젠가 당신이 무대를 끝마치고 무대 위의 배우에서 한 명의 인간으로 돌아와 내 삶의 관객들로부터 박수를 받을 때, 지금의 치열했던 고민과 목마름을 생각하며 그때 포기하고 무대에서 내려오지 않기를 정말 잘했다고 생각할만한, 멋진 무대를 만들기 바랍니다.

"그래서 당신은 당신 인생에서 원하는 것을 손에 넣었나요?"
"네."
"그것은 무엇이었습니까?"
"내가 지구상에서 사랑 받는 존재라고 느끼는 것."

_영화 〈버드맨〉 중에서

꼬리칸도 괜찮다는
거짓위로에 속는 당신

설국열차, 2013, 봉준호

전철은 차가운 새벽공기를 뚫고 달립니다. 당장 뛰어내리고픈 충동과 가슴의 답답함을 애써 누른 채 나는 어제의 피로가 채 가시지 않은 지친 몸을 차가운 금속 벽에 기댑니다. 가슴이 언제 마지막으로 뛰었는지 모르겠어요. 잘 기억은 나지 않지만 한때 나는 내 삶을 사랑했었습니다. 눈을 반짝이며 슈퍼맨 같은 아버지의 등 너머를 궁금해 했었죠. 반에서 가장 힘 쎈 아이의 무지막지한 주먹도 선생님의 회초리조차도 내 발걸음을 막지 못했죠.

　하지만 지금 나는 달리는 네모난 상자 안에 있습니다. 네모난 명찰 속 딱딱하게 웃는 사진 밑에 박힌 과장 직함이 나보다 나

불쾌한 삶에는 늘 내가 없었다.

를 더 잘 설명해주고, 월급 명세표 엑셀 시트 안의 아라비아 숫자가 내가 얼마만큼 가치 있는 인간인지를 규정하죠. 이 작은 칸 한 자리를 차지하기 위해 수많은 열차의 칸을 지나왔었죠. 지금 생각해보면 단지 나와 같은 네모의 하나였던 아버지와 선생님들이 충고했던 대로요.

'세상은 원래 그런 거'라며 '제발 남들처럼 살자'는 말을 입버릇처럼 달고 다니던 상사 한 명은 며칠 전 가슴을 부여잡고 쓰러졌습니다. 물론 그 빈자리는 비워지자마자 바로 다음 사람으로 채워졌죠. 순간 휘청하고 힘이 빠져나가는 것을 느낀 나는 쓰러지지 않기 위해 발목과 허리에 힘을 줍니다. 오늘도 차가운 새벽 공기를 뚫고 네모 상자가 어두운 터널을 달립니다. 나는 다시금 머리를 차가운 금속 벽에 기댑니다. 졸면서 며칠 전 봤던 영화의 꿈을 꿉니다.

모든 생명체가 사라지고 얼음만 남은 어떤 세상, 열차 하나만이 눈과 얼음을 뚫고 질주합니다. 완전한 자급자족 시스템을 갖춘 이 열차는 전 세계에 깔린 레일을 통해 일 년마다 세계를 한 바퀴씩 순환합니다. 이 열차에서만이 사람들은 살아갑니다. 하지만 열차는 결코 평등하지 않습니다. 꼬리칸의 사람들은 추위와 배고픔에 떨며 살아가고 매번 앞 칸에서 어린 아이들을 차출해갑니다. 꼬리칸의 젊은 지도자 '커티스'는 이 가혹한 현실을 바꾸고자 합니다. 그는 열차의 창조자인 윌포드를 만나러 열차의 동력기관인 '엔진'이 존재하는 머리칸으로 전진합니다.

꼬리칸의 옛 지도자 '길리엄'은 현재의 커티스를 탄생시킨 존재입니다. 커티스는 한때 굶주림을 이기지 못하고 아기를 잡아먹으려고 했고, 길리엄은 스스로를 희생하여 아기를 구합니다. 커티스는 자신의 팔을 잘라 굶주린 자들을 먹인 길리엄에게 감화됩니다. 그는 마음 한 구석에서 길리엄처럼 자신의 팔을 잘라 내주지 못한 스스로에게 열등감을 품기도 합니다. 길리엄은 커티스의 정신적 아버지입니다.

아버지를 떠난 커티스는 배고픔과 추위를 상징하는 꼬리칸을 떠나 열차의 모든 문을 열 수 있는 보안설계자 '남궁민수'와 그의 딸 '요나'를 만납니다. 하지만 이들의 모습은 어딘가 이상합니다. 옛 반란의 가담자로써 갇혀있었으면서도 부녀는 커티스의 반란에 회의적인 태도를 보입니다. 더군다나 문을 한 개 열 때마다 이 열차의 폐기물이자 환각물질인 '크로놀'을 집요하게 요구합니다. 서로를 완전하게 이해할 수 없음에도 문을 열어주고 커티스의 여정에 함께하는 이 남궁민수 부녀는 커티스의 동반자입니다.

불쾌한 삶에는 늘 내가 없었다.

반란의 첫 번째 목적지인 물 공급칸에서 커티스 일행과 앞 칸의 군인들은 피가 난자한 야만적인 혈투를 벌입니다. 터널을 지나면서 열차 안이 깜깜해지고 어둠 속에서도 앞을 볼 수 있는 야시경을 갖춘 군인들에게 커티스 일행은 속절없이 살해당합니다. 커티스는 외칩니다.

"불! 불이 필요해!"

라고 말이죠. 이윽고 꼬리칸에서 사람들이 불을 전달합니다. 마치 올림픽 성화를 봉송하듯 횃불은 다음 사람으로 그 다음 사람으로 이어지길 거듭했다가 거대한 빛의 무리가 됩니다. 불의 힘으로 군인들과의 싸움에서 승리한 커티스는 물 공급칸을 손에 넣습니다. 하지만 그곳은 그의 종착지가 아니었습니다.

이 이야기는 인간이 유아기에서 성인기에 이르기까지의 과정에 대한 은유이기도 합니다. 어머니의 자궁이라는 안락한 공간에서 벗어나 세상으로 내던져진 아기는 추위와 배고픔 등의 생존의 문제에 직면하게 됩니다. 굶주림과 두려움, 분노^{Id}를 원동력 삼아 열차의 꼬리칸에서 앞칸으로 전진하는 커티스는 인간의 자아^{Ego}를 상징합니다. 초기의 자아는 부모를 보호자삼아 생존의 문제를 극복해 나아가지만 점차 자아는 사회와 맞닥뜨리면서 부모의 보호만으로는 충분하지 않음을 깨닫습니다.

부모와 함께 유년기를 거친 자아는 점차 부모를 떠나 세상에 홀로 서기 시작합니다. 청소년기를 거치며 친구를 얻고, 적을 만나고 폭력의 피해를 받고 자신이 폭력의 가해자가 되기도 합니다. 모든 것이 불확실한 이 시기에 그의 길을 밝혀주는 것은 바로 불로 상징되는 지식과 경험입니다. 과거 여러 사람들로부터 이어져온 지식불은 그의 대에서 경험빛이 되어 앞을 밝혀줍니다. 자아는 경험을 통해 성인기로 진입합니다.

커티스는 이만 끝내자는 길리엄의 만류를 뿌리치고 전진합니다. 총을 가진 군인들로부터 순식간에 꼬리칸이 제압되고 이 과정에서 길리엄을 잃고 퇴로조차 끊긴 커티스는 이제 뒤쪽에서의 추격과 앞쪽에서의 압박에 동시에 시달리게 됩니다. 성인기에 이르러 인간이 마주치는 갈등은 청소년기 때보다 훨씬 복잡하죠. 이제 삶은 단순히 뒤쪽과 앞쪽으로 나뉘지도 않고 고난의 종류도 단순한 폭력에서 예의로 가장된 위협까지 훨씬 다양해지기 시작합니다. 자아, 즉 커티스의 투쟁의 양상은 크게 변화합니다.

그는 열차 내부에 존재하는 거대한 수족관, 아이들을 가르치는 학교를 지납니다. 커티스는 점차 열차에 존재하는 불합리의 이유

불쾌한 삶에는 늘 내가 없었다.

와(생태계를 유지하기 위한 살인) 열차의 구조가 변하지 말아야 하는 당위의 문제(시스템 존속을 통한 생존)와 맞닥뜨리며 신념을 시험받습니다. 크로놀이 주는 환각에 취한 사람들을 보며 아연실색하기도 합니다. 그리고 마침내 도달한 엔진실, 열차의 창조자 윌포드는 뜻밖에도 커티스를 환영하며 충격적인 비밀을 밝힙니다.

"정말 몰랐나? 길리엄과 나의 관계를? 우리는 진정한 파트너였네."

사실 커티스의 사상적 아버지인 길리엄과 커티스의 숙적인 윌포드는 오래 전부터 한 편이었죠. 열차의 질서를 다시 쓰는 것처럼 보였던 커티스의 전진조차도 열차의 시스템을 존속시키기 위한 두 노인의 시나리오에 지나지 않았습니다. 둘은 일정 주기마다 한 번씩 반란을 일으키도록 사람들을 조종하여 인구수를 조절하고 열차의 생태계를 유지해 왔던 것이었죠. 망연자실한 커티스에게 윌포드는 자신의 뒤를 이어 열차의 관리자가 되라고 속삭입니다. 이 방식이 유일하게 모두를 살릴 길이며 세상의 섭리라면서요.

그런 때가 누구에게나 찾아옵니다. 세상의 구조를 깨닫는 시기요. 어떤 거대하고도 올바른 흐름이 있는 것처럼 느껴지고 그 흐름에 저항해 왔던 나의 지난날들이 부끄럽고 치기어린 행동처럼 느껴지는 그런 시기요. 다른 사람들이 비겁하고 용기가 없어서 그렇게 살았던 것이 아니라는 것을 깨닫습니다. 너무나 속물적으로 보여서, 그래서 절대로 닮고 싶지 않았던 우리의 아버지들과 선배들이 사실은 누구보다도 현명한 사람들이었고, 내가 가진 목마름과 불만들은 미숙하고 어리석은 꼬마의 투정에 불과한 것처럼 느껴져 부끄러워집니다.

자유의지라고 생각했던 나만의 치열한 투쟁도 사실은 거대한 세상의 일부였죠. 일 년에 한 번씩 세상을 도는 열차, 열차의 꼬리와 열차의 앞부분이 사실은 연결되어있는 구조라는 순환적 아름다움. 꼬리칸과 앞칸이 애초에 하나라면 어차피 전진은 의미가 없죠. 이 완벽한 구조를 유지시키기 위한 적응이 있을 뿐. 길리엄에서 시작한 커티스의 여정은 윌포드를 만나고, 우리의 자아는 세상의 이치와 섭리를 깨닫고 여행을 끝마칩니다. 우리는 이 세상에 잘 적응하는 조화로운 사회의 일원이 되어 살아갑니다. 그럴 터였습니다.

그런데 흔들리는 이 열차 속에서 나는 왜 아직도 괴로운 거죠? 이것이 분명 올바른 결론일 텐데, 나는 숨이 막힙니다. 마치 공기 한 모금도 없는 수 천 미터 심해에서 짓눌리는 느낌이 들어요. 아

불쾌한 삶에는 늘 내가 없었다.

무리 숨을 쉬어도 폐 안쪽으로 산소 한 조각 들어오지 않을 것만 같은 이 질식감이, 생존에 필요한 무언가를 잃어 금방이라도 무너질 것 같은 이 위태로운 느낌이 나를 미칠 것 같이 만듭니다.

초자아^{Superego}란 프로이트의 구조이론에서 등장한 개념입니다. 초자아는 부모로부터 내재화된 가치와 표준으로써 자아의 행동과 생각, 느낌을 계속 감시합니다. 즉, 기대되는 표준과 비교하여 이에 미치지 못하면 죄책감을 느끼게 합니다. 초자아는 인간으로 하여금 사회에서 제시하는 올바른 인간의 길에서 벗어나지 않게 해주지만, 지나치게 가혹한 초자아$^{Harsh\ superego}$는 인간으로 하여금 강렬한 죄책감과 수치심을 유발합니다. 즉 열차의 길이 되어주는 레일과 같이 열차를 탈선하지 않게 해주지만, 길이 아무리 가혹하더라도 열차는 레일을 결코 벗어나지 못하게 됩니다. 윌포드와 길리엄이 제시한 세상의 거대한 원리와 당위는 자아가 사회에서 마주하게 되는 초자아의 압력을 상징합니다. 그리고 때때로 이는 굶주림과 분노와 같은 본능적인 감정^{Id}만큼이나 끔찍한 결과를 초래합니다.

남궁민수의 딸 요나는 소스라치게 놀라며 커티스의 발밑을 가리킵니다. 엔진실의 바닥에는 예전부터 꼬리칸에서 사라진 아이들이 멍한 표정으로 기계의 부품이 되어 일하고 있었습니다. 사실 엔진은 수명이 다해가고 있었고 대체할만한 부품도 없어진지 오래였죠. 완벽하지 않은 것을 완벽한 것처럼 보이게 하기 위해 상처 입은 아이는 성장을 그만둬 버렸습니다. 정형화된 사회의 틀에 맞추기 위해 초자아의 압력에 굴복한 자아는 자신만의 내적 세계를 만드는 것을 포기합니다. 이야기의 주인공이 되는 것을 거부하고 소품으로 만족한 채, 진지하게 마주봐야할 내 결핍과 고통을 바닥에 묻어버리고 그 위를 다른 사람들이 말하는 완성된 세상의 이치로 덮어버린 결과, 내 마음의 가장 여린 부분은 마음의 가장 밑바닥에서 영원히 고통 받고 있었습니다. 진정 중요한 것은 내 발밑에 묻혀있었죠.

하지만 스스로에 대한 고민과 성찰을 끝내 멈추지 않은 자아는 언젠가 깨닫습니다. 영원히 나를 태우고 달리는 거대한 열차나 선로 따위는 없다는 것을. 내 고뇌를 대신해주는 이론 같은 건 처음부터 존재하지 않았고, 영원히 따를 수 있는 스승이나 선배도 사실은 허상에 불과했다는 것을 말이죠. 커티스는 자신의 뒤를 이어 열차의 관리자가 되라는 윌포드의 제안을 거부합니다. 대신 그는 열차 밑바닥에서 기계부품이 되어버린 아이를 끌어올려 구합니다. 그 과정에서 커티스의 팔이 기계에 끼어 뜯겨져 나가고, 그는 그가 동경했던 길리엄을 뛰어넘습니다. 커티스는 초자아의 압력을 이겨내고 거대한 세상의 부품이 되는 운명에서 벗어납니다.

그제야 영화를 보는 우리는 이 영화에서 이질적인 존재인 남궁민수가 왜 필요했는지를 깨닫게 됩니다. 모두가 앞쪽만을 바라볼 때 그만은 밖을 바라봅니다. 그가 열차 밖으로 나가야 한다고 주장했을 때 사람들은 그가 미친 것으로 생각했습니다. 하지만 그는 확신을 담아 말합니다.

"문을 여는 거야. 바깥으로 나가는 문들 말이야. 워낙 18년째 꽁꽁 얼어붙어 있다 보니까 이게 무슨 벽처럼 생각하게 됐는데 사실은 문이란 말이지. 그래서 이 쪽 바깥문을 열고 밖으로 나가자, 이 얘기야."

그는 문을 하나 열 때마다 크로놀을 받습니다. 우리가 인생의 한 꼭지를 지날 때마다 획득하는 것, 누군가는 이것에서 환각과 유희를 봅니다. 하루 종일 주저앉아 이것이 가져다주는 환상에 탐닉하며 발걸음을 멈추고 현실과 멀어집니다. 하지만 남궁민수와 커티스는 냄새를 맡는 대신 불을 붙입니다. 불과 크로놀의 만남으로 거대한 폭발이 일어나고, 이 폭발은 열차의 벽에 구멍을 뚫어놓습니다. 이 영화에서 불은 지식과 경험을 의미하죠. 누군가에겐 유희도구에 불구하지만 현실에서 얻은 지식과 경험을 만나면 큰 소리로 폭발하며 나의 세상의 패러다임을 바꿔주는 것. 크로놀은 철학과 사유를 의미합니다.

남궁민수는 커티스의 근간을 만들어준 아버지도 아니고, 먼 곳에서 정답을 만들어두고 그를 기다리는 스승과 선배도 아니었습니다. 그는 동반자이자 문을 여는 자입니다. 그는 정답을 주지 않고 단지 문을 열어줍니다. 즉 길리엄이 아버지, 윌포드가 선배와 스승을 의미한다면, 남궁민수는 철학자를 의미합니다. 열차의 앞쪽을 향해 전진하던 커티스는 그의 길이 무의미해진 순간, 남궁민수 부녀에 의해 아래와 밖을 바라보게 됩니다. 그리고 마침내 열차의 앞쪽이 아닌 열차의 바깥으로 향하는 문이 열립니다. 영화는 이드를 동력삼아 전진하던 자아가 거대한 초자아의 거친 압박에 굴하지 않고 자신만의 세상으로 나아가는 과정을 그립니다.

뺨을 간질이는 바람에 머리가 맑아지며 나는 잠에서 깨어납니다. 이름 모를 새들의 소리, 도로 위의 자동차 소리, 새벽을 여는 사람들의 소리. 어느 샌가 나는 상자 바깥에 서 있었습니다. 나는 기억해냅니다. 내가 네모난 열차를 돌리는 기계부품이 아니라, 피가 흐르고 살아 숨 쉬는 사람이었다는 것. 사람들이 말하는 세상의 진리에 눌려, 타인들이 규정하는 올바른 내 모습에 눌

불쾌한 삶에는 늘 내가 없었다.

려 천천히 천천히 압사당하고 있었다는 것을 지금에야 알아차립니다.

우리의 삶의 목표는 어떤 거대하고 완전한 무언가의 일부로 변하는 것이 아니라 작고 불완전하더라도 진정한 내 자신이 되어 그 자체로 하나의 전체가 되는 것이었죠. 분명 우리의 처음은 불안감과 고립감, 굶주림을 원동력 삼아 누군가의 뒷모습을 쫓아 달리기 시작해요. 우리가 쫓는 그 뒷모습은 처음에는 부모에서 선배와 스승으로 바뀌고, 우리가 사회로 나아가게 되면서 그 전모를 파악하기 어려운 세상의 거대한 구조와 규칙에 이릅니다. 우리가 쫓아야 할 뒷모습이 너무나 거대해진 나머지, 우리를 뒤쫓는 고립감과 굶주림이 너무나 아픈 나머지 우리는 종종 완벽하고 거대한 누군가를 쫓아 달리는 것이 인생의 목표라고 착각해버립니다. 앞부분과 끝부분이 결국 하나로 이어진 열차처럼, 자신이 누군지를 망각하고 왜 달리는지도 모르는 채로 달리는 기계가 되었다가 언젠가는 레일 위에서 불타 없어져 버리죠.

앞 사람이 깔아준 레일 위를 달리면서 그 안정감에 안도하면서도 가슴 한 편에 느껴지던 질식감과 압박감은 기계가 되어버린 우리를 일깨워줍니다. 앞만 보며 달리던 우리는 처음으로 자신의 발밑을 보게 됩니다. 우리의 임무가 레일을 쫓아 달리는 것이 아니라 내가 진정으로 원하던 곳에 도달하는 것임을 깨닫는 순간, 우리는 처음 달리기 시작했었을 때의 그 마음을 떠올립니다. 우리가 누군가의 등 뒤를 쫓아 달리기 시작했던 것은 그 사람의 뒷모습을 쫓기 위해서가 아닌 그 너머에 있는 풍경을 보고 싶어서였음을.

따라서 나에게 필요했던 것은 짓눌리는 고통을 잠재우고 계속 달리기 위한 진통제가 아니었죠. 그 고통은 아주 오래 전에 잃어버린 지금은 열차 밑바닥의 부품으로 전락해 버린 내 마음이 보내는 신호였으니까요. 사실은 좀 더 일찍 그 소리에 귀를 기울였어야 했죠. 그 깜깜한 터널 속에서 나를 생존하게 해준, 그 한 줌의 불꽃과 같은 나의 마음이 이제 내 앞길을 비춰줍니다. 단단히 닫힌 문을 하나씩 열어낼 때마다 얻어내었던 나의 사유가 이제 나만의 방향을 정해줍니다. 경험과 사유가 만나 폭발하는 그 순간, 드디어 우리는 레일을 벗어나 우리가 쫓고 있던 누군가의 뒷모습을 앞지릅니다. 그리고 마침내 보게 된 그 너머의 풍경.

그렇게도 나를 괴롭히던 질식감과 압박감이 사라지고, 나는 내가 떠나온 강철로 만든 열차를 바라봅니다. 나는 내 발밑을 살핍니다. 열차 바깥의 이 장소는 진정한 바깥인지, 아니면 이 곳 조차도 또 다른 상자 속인지 고민해봅니다. 하지만 이곳이 또 다른

불쾌한 삶에는 늘 내가 없었다.

상자 속에 불과하더라도 괜찮아요. 언젠가 나는 이 상자의 문마
저 찾아내고 주저 없이 그 문을 열어버릴 테니까요. 오늘 나는 처
음으로 열차의 바깥으로 나왔습니다.

악마의 선택이
옳은 이유

악마는 프라다를 입는다, 2006, 데이빗 프랭클

오늘도 직장에 출근한 당신은 무언가에 쫓기는 사람 같죠. 나름 평균적이고 모나지 않은 삶을 살아왔다고 자부해왔던 당신에게 사람들은 낯선 관습과 잣대를 들이댑니다. 이상한 사람이라는 말을 듣기 싫어서, 혹시라도 손해볼까봐 두려워 당신은 자신을 숨기고 사람들의 룰에 맞춥니다. 모두가 좋아해주는 옷을 입고 모두가 좋아하는 TV프로 이야기에 맞장구치며 억지 미소를 짓습니다. 하지만 마음 한구석이 점점 지쳐갑니다. 이게 정말 내가 바라던 모습인가 하는 생각도 들고요.

생각보다 힘이 들고 피곤한 일이죠. 사회의 일원이 된다는 것

불쾌한 삶에는 늘 내가 없었다.

은요. 하지만 혼자가 되는 것의 무서움을, 사회의 레일에서 벗어난 자의 아픔을 누구보다 잘 아는 당신이기에 오늘도 당신은 미소라는 투구를 쓰고 유행이라는 갑옷을 입습니다. 전쟁에 나가는 무사처럼 비장하게 직장으로 가는 전철에 몸을 싣는 당신의 발에는 요즘 유행하는 프라다 구두가 반짝입니다.

저널리스트가 꿈인 앤디^{앤 헤서웨이}는 자신의 꿈을 이루기 위하여 전혀 관심도 없었던 패션잡지 '런웨이'에 들어가게 됩니다. 그곳에서 그녀는 누구나 알아주는 악마 같은 편집자, 미란다^{메릴 스트립}의 제2비서로 들어가게 됩니다. 미란다는 그곳의 법이자 제왕입니다. 회사의 모든 중요한 결정은 그녀를 통해서 이루어지고, 그녀의 눈짓 한 번에 몇 개월 공들여 준비한 기획이 물거품이 되기도 합니다.

나름 촉망받는 저널리스트 후보생이었던 앤디는 패션잡지사에서는 열등생이 됩니다. 바깥에서는 아무런 문제도 없었던 그녀의 옷차림, 그녀의 상식, 식습관 하나하나가 그녀가 뒤처지는 사람이라는 증거가 되고 놀림거리가 되거든요. 더군다나 퇴근 후까지 쏟아지는 전화와 일거리, 그리고 그녀의 사생활마저 포기해야 하는 업무, 상사의 개인사까지 챙겨야 하는 생활. 견딜 수 없었던 그녀는 그나마 마음씨 좋아 보이는 미란다의 오른팔 나이젤에게 자신의 신세를 한탄하지만 어린애처럼 굴지 말라며 무안만 당합니다.

세계적 베스트셀러 〈사피엔스〉의 저자인 역사학자 '유발 하라리'는 인류가 수많은 종의 경쟁에서 승리하여 자연의 지배자가 될 수 있었던 이유로 '개념'을 공유하는 능력을 듭니다. 인간은 진화과정에서 '문화', '사회', '민족'과 같은 추상적 개념들을 공유할 수 있는 능력을 손에 넣습니다. 그럼으로써 인류는 개미보다도 조직적으로, 침팬지보다도 유연하게 정보를 공유하고 협동하는 법을 손에 넣었습니다.

실제로 우리는 국가, 회사, 학교 등의 근본적으로는 추상적 개념으로 이루어진 공동체에 속하여 살아갑니다. 그리고 각각의 공동체는 고유의 분위기나 문화, 패션과 같은 또 다른 추상적 개념들을 공유함으로써 인간 개개인이 한 집단에 속한다는 것을 확인하고 공고히 합니다. 그리고 회사마다 사원들의 분위기나 옷차림, 머리 모양 등이 다른 것처럼 각각의 공동체가 채택한 질서와 문화는 다릅니다. 미란다가 조직의 왕처럼 군림할 수 있었던 이유도 여기에 있죠. 그녀는 그녀가 속한 공동체의 질서와 문화를 결정할 수 있는 존재거든요.

불쾌한 삶에는 늘 내가 없었다.

한 집단에서 살아나가기 위해 우리는 어쩔 수 없이 집단이 제시한 관습을 지키며 살아갑니다. 우리는 우리가 먹고 있는 음식, 입고 있는 옷 어느 하나 스스로 생산할 수 없는 동물이죠. 인간은 패션 감각이 없다고 죽지는 않지만 음식을 손에 넣지 못하면 죽습니다. 그리고 현대사회에서는 자신이 속해 있는 집단의 유행과 관습을 따르는 것이 우리가 얼마나 효율적으로 음식을 손에 넣는지와 직결됩니다. 이제 패션은 멋의 문제가 아니라 생존의 문제가 됩니다. 그래서 우리는 '프라다'를 입습니다.

앤디는 자신을 바꾸어 나가기 시작합니다. 회사가 원하는 방식대로요. 편하고 헐렁한 옷을 주로 입던 그녀는 몸에 딱 붙는 명품 옷과 백으로 자신을 무장합니다. 그녀는 뉴욕까지 찾아온 아버지와의 식사, 다정한 남자친구의 생일파티까지도 희생해가며 그녀의 상사 미란다의 욕구에 부응합니다. 무엇이 그녀를 그렇게 몰아붙이는 거죠?

캘리포니아 대학 연구 팀의 아이젠버그와 리버만은 조직 사회에서의 소외감이 뇌에 미치는 영향을 연구하기 위해 '사이버볼'이라는 컴퓨터 게임을 만들었습니다. 이 컴퓨터 게임에서는 실험 참가자를 포함한 세 명의 플레이어가 공을 주고받습니다. 세 명 중 참가자를 제외한 나머지는 사실 컴퓨터 프로그램이지만 실험 참가자에게는 나머지 두 명의 플레이어를 인간이라고 알려줍니다. 그리고 시간이 지남에 따라 나머지 두 명의 플레이어(이지만 사실은 미리 프로그램된 컴퓨터 플레이어)는 실험 참가자를 빼놓고 둘이서만 공을 주고받습니다. 그리고 기능적 자기공명영상을 통해 해당 상황에서의 뇌의 활성도를 측정하고, 또한 고통의 정도에 대해서 보고하도록 지시하였습니다.

실험의 결과 대상자의 등쪽전두대피질^{dACC}의 활성화가 관찰되었습니다. 그리고 이 등쪽전두대피질의 활성도는 실험대상자가 자가보고한 고통의 정도와도 높은 상관관계를 보였습니다. 이 부위는 육체적 고통의 인식과도 깊은 관련이 있는 곳이죠. 여기서 우리는 사회적 따돌림과 배제는 인간에게 신체가 훼손되는 것에 준하거나 그와 흡사한 고통을 준다는 것을 유추할 수 있습니다. 그래서인지 우리는 종종 사회에서 받는 마음의 아픔을 신체적 고통에 비유해서 표현하죠. '마음을 후벼 파는 듯한 비웃음'을 듣고 '가슴이 찢어지는 듯한 아픔'을 느끼는 것처럼요.

화려함과 명품으로 치장된 영화의 경쾌한 이면에는 이 세계로부터 선택받기 위해 44사이즈에 몸을 억지로 구겨 넣는 이들의 애환이 서려있습니다. 우리는 마음에 들지도 않는 옷을 유행한다는 이유만으로 입고, 마음이 맞지 않는 사람들과 원하지 않는 회식에 가죠. 관심도 없는 화제에 억지로 공감하는 척하며 몸에 잘 받지도 않는 술을 취할 때까지 마시죠. 휴가 때마저도 집에서 편한 복장으로 푹 쉬는 대신, 유행하는 여행지를 어렵게 예약해서 힘들게 다녀온 후 SNS에 올립니다. 그것이 내가 이 사회의 일원이라는 것을 증명하는 행위라도 되는 양 말이죠.

생존의 측면으로 본다면 이 방법은 어떤 의미로 보면 옳은 방법이라 할 수 있어요. 어느 정도는 피할 수 없는 일들이기도 하구요. 실제로 앤디의 변화가 불러일으킨 효과는 굉장했죠. 통쾌하게도 그녀는 그녀를 무시하던 사람들의 말문을 막히게 하고, 그녀가 평소라면 절대 친해지지 못했을 거물들과 친해집니다. 무엇보다 조직의 왕인 미란다로부터 인정받게 됩니다. 앤디는 자신의 선배인 제1비서 에밀리를 제치고 가장 중요한 행사인 파리 출장까지도 함께 따라가는 자타공인 조직의 에이스로 거듭납니다.

어떤 분들은 눈부시게 달라지는 그녀의 모습과 성공기를 보며 동경하게 될지도 모릅니다. 하지만 조직에 적응하기 위한 고군분투는 굉장히 소모가 큽니다. 우리의 뇌는 개미나 꿀벌과는 또 다르거든요. 때때로 우리의 정신건강이 그 대가를 치르게 됩니다. 너무나 지친 나머지 감정을 조절하지 못하게 되고 긍정적인 자극에 반응하지 못하게 되거나^{주요우울증}, 사회적 상황에서 받는 압박에 고통 받거나^{사회공포증}, 한순간에 통제감을 잃고 공포와 당황에 빠지기도^{공황장애} 하지요.

더욱이 우리는 한 집단에만 포함되어있지 않습니다. 직장에서는 과장이지만 집에서는 부모님의 자식이 되고 데이트할 때는 누군가의 연인이 되죠. 그리고 한 집단이 원하는 완벽한 모습은 다른 집단에서는 오히려 이상하고 비적응적인 모습이 되기 쉽습니다. 패션잡지 일에 파묻혀 사느라 친구들과 멀어지고 남자친구와 헤어지게 된 앤디처럼요. 그녀는 점점 원래 그녀가 있던 곳에서 멀어지게 됩니다. 모든 사람의 요구를 만족시킬 수 있는 인간은 존재하지 않으니까요.

영화의 결말, 앤디는 결국 미란다의 비서를 그만두고 친구들과 남자친구에게 돌아가게 됩니다. 이를 통해 감독은 무슨 말을 하고 싶었던 걸까요? 겉모습보다 사랑과 우정이 중요하다는 이야기였을까요? 아니면 패션이나 돈과 같은 세속적인 것들보다 꿈이 중요하다는 이야기를 하고 싶었던 걸까요? 사실 이 영화에서 말하고 싶었던 것은 주체적인 선택의 중요성이라고 생각합니다.

프랑스 출장 중 미란다는 앤디에게 지금까지와는 다른 모습을 보여줍니다. 두 번째 남편과 이혼을 앞두고 자신의 자리까지 라

이별에게 위협받는 상황에서 지치고 좌절한 기색이 역력한 미란 다에게 앤디는 처음으로 인간적인 감정을 느낍니다. 그러나 다음 장면, 그녀는 비정하게도 자신의 오른팔과도 같았던 부하 나이젤 을 희생하고 자신의 자리를 지켜냅니다. 자신의 지위를 지키기 위해 뭐든지 잘라낼 수 있는 그녀는 인간이라기보다는 회사라는 집단 그 자체와도 같았습니다.

실망한 앤디는 미란다에게 따져 묻습니다. 어떻게 그럴 수가 있냐고요. 그러자 미란다는 뜻밖의 말을 합니다. 넌 나와 무척이 나 닮았다고. 너도 사실은 누군가를 제치고 이 자리에 오지 않았 냐고 말이죠. 선택의 여지가 없었다고 항변하는 앤디에게 미란다 는 단호하게 말합니다.

"아니 넌 나와 같아. 왜냐하면 넌 분명 널 위해 '선택'했거든."

앤디는 무언가를 깨닫고 그 자리를 뛰쳐나와 목숨처럼 붙들고 확인했던 휴대전화를 분수대로 던져버립니다. 휴대전화에는 그 녀가 신의 목소리처럼 복종하고 따랐던 미란다로부터의 전화벨 이 울리고 있었죠. 그녀는 그녀를 지배해왔던 신의 말씀으로부터 벗어납니다. 생각보다 간단했습니다. 사실 언제든지 선택할 수 있었죠. 하지만 사회로부터 배제된다는 것이, 자신을 둘러싼 사람들로부터 배척받는다는 느낌이 너무나 두렵고 아팠기 때문에 어느 새 그녀를 행복하게 만들기 위한 도구들이 마치 그녀의 주인처럼 그녀를 구속하고 있었던 것뿐이었습니다.

옷도 구두도 유행도, 실은 직장 그 자체까지도 우리가 행복해지기 위해 필요한 도구였습니다. 그리고 그것들이 우리를 행복하게 만들 수 있었던 것은 우리의 선택이었기 때문입니다. 미란다는 선택의 의미를 알고 있었고, 그 선택의 결과를 받아들입니다. 그렇기 때문에 이 복잡하고 가혹한 인간의 공동체에서 강하고 흔들림 없는 자신의 세계를 구축할 수 있었습니다. 미란다도 앤디도 모두 프라다를 입고 있었습니다. 달랐던 것은 둘의 마음가짐이었죠. 미란다에게 있어서 프라다 구두는 원하는 곳에 도달하기 위한 자신의 선택이었고 앤디에게 프라다 구두는 자신을 구속하고 아무 데도 가지 못하게 만드는 족쇄였죠. 그리고 이제 앤디도 자신의 '선택'을 합니다.

그녀가 바라던 신문사의 면접에서 면접관은 그녀에게 묻습니다. 어쩌다가 그런 패션잡지에서 일을 하게 되었냐고요. 그녀는 겸연쩍은 미소를 띠며 말합니다. 끝은 좋지 않았지만 그래도 배운 게 많았다고. 그녀의 말은 진심이었죠. 뜻밖에도 면접관은 앤디에게 전 상사 미란다가 보낸 추천서에 대해 말해줍니다.

불쾌한 삶에는 늘 내가 없었다.

어느 날 앤디는 우연히 먼발치에서 차를 기다리고 있던 미란다와 눈을 마주치게 됩니다. 앤디의 가벼운 손인사를 차갑게 무시하고 차에 탄 미란다였지만 그녀는 이내 아무도 모르게 미소를 띱니다. 아마 그것은 비록 자신과 다른 길을 택하였지만 인간의 역사라는 게임의 말에서 벗어나 어느새 당당한 게임의 플레이어로 거듭난 옛 부하에 대한 나름의 찬사였을 것입니다.

다른 동물보다 강한 이빨도, 굳건한 다리도 갖추지 못했던 인류는 문화와 민족과도 같은 추상적 개념을 공유함으로써 생태계의 제왕이 됩니다. 덕분에 우리는 지구 반대편의 최고의 예술가가 만든 옷을 입고 최고의 농부가 만든 우수한 식량을 손쉽게 손에 넣고 몇 명 안되는 천재들의 과학 기술의 산물을 매일 즐길 수 있게 됩니다. 그리고 이 시스템을 벗어나서는 살 수 없어졌기 때문에 우리에게 있어서 집단에 적응하는 것은 생명을 지키는 것에 버금갈 만큼 중요해졌죠. 따라서 집단이 공유하는 개념을 따르지 않으면 우리는 심적 고통을 느끼게 되고 두려워지기도 합니다.

하지만 집단은 점점 다양해졌고 우리의 사고방식 또한 복잡해졌기 때문에 우리는 집단과 집단, 집단과 개인 사이의 개념의 차이로 고통 받게 되기도 합니다. 그래서 인간이 소중하게 공유하는 이러한 것들이 사실은 인간을 위해서 만들어진 도구라는 것을 잊기도 합니다. 그래서 유행이나 집단의 문화를 따르지 않는 것에 대하여 두려워하고 자책하기도 합니다. 하지만 이건 결코 우리를 벌주려고 하는 신의 목소리나 절대명령 따위가 아니었지요.

그러니 회사나 학교, 인간이 살아가기 위해 속해야 하는 어떤 집단에 처음 들어갔을 때 그 집단의 분위기가 나에게 잘 맞지 않는다고 해서 너무 아파하거나 자책하지 말아요. 당신은 신에게서 버림받은 것도 아니고 어떤 절대적인 것으로부터 추방된 것도 아니에요. 단지 그 집단에서 준비한 도구가 맞지 않았던 것뿐이지요. 그렇기 때문에 만약 당신이 생각하기에 남들에게 맞출 필요가 있다고 생각한다면, 즉 프라다가 필요하다면 당당히 입어요. 하지만 내가 그걸 좋아하지 않는다면 억지로 좋아하려고 시간낭비하지 마세요. 이것은 무슨 인간의 존엄성, 가치, 옳은 것 이런 문제와는 하등 상관없죠. 프라다는 당신이 선택하는 도구지 당신을 선택하는 주인님이 아니에요.

그래도 여전히 나에게 존재하는 이 본능적인 사회적 고통과 두려움은 어떻게 하면 좋냐구요? 사실 인간에게는 고통을 인식하는 부위인 등쪽 전두대피질이 활성화될 때 이를 조절하기 위해 동시에 활성화되는 곳이 있어요. 바로 우측 배측전전두엽피질^{RVPFC}이라는 곳이죠. 이 곳은 부정적인 감정을 측정하고, 구분하고, 그 감정의 실체에 대해 분석하고 통제하는 곳이죠. 이 글을 읽고 두려움의 실체에 대해 알게 되고 조금은 안심하게 된 당신에게 지금 활성화되고 있는 바로 그 부위입니다.

당신에게 가해지는 그 사회적 고통과 두려움조차도 당신을 생존하게 하기 위한 알람에 불과하지요. 부디 그 알람 소리에 놀라 주저앉아 떨지 마세요. 대신 울리고 있는 알람의 의미에 대해 생각해보세요. 다시 일어나 당당하게 게임의 플레이어가 되세요. 모든 건 당신을 위해 준비되어 있죠. 당신의 선택만이 남아있어요.

행복을 연기할 때
잃게 되는 것

비버, 2011, 조디 퍼스터

행복한가요, 아니면 행복을 연출하며 살고 있나요?

"이것이 월터 블랙의 모습이다.

가망 없는 우울증에 빠진 사내

그 내면 어딘가에는

한때 사랑했으며

가정을 꾸렸던 사람이 있을 텐데

깨어나보니

성공적인 회사를 경영하던 그 사내는 사라져버렸다.

뭘 해도 소용이 없었고

불쾌한 삶에는 늘 내가 없었다.

안 해본 게 없었지만

월터는 예전으로 돌아갈 수 없었다.

마치 죽은 것처럼

자신을 추스를 맑은 정신이 없는 것처럼

대부분 잠을 자는 게 일이다.”

_영화 비버, 프롤로그 중에서

영화 '비버'의 주인공 월터 블랙은 두 아이와 아내를 가진 중년의 가장입니다. 부친으로부터 물려받은 장난감 회사의 사장이었으며, 나름 성공적이며 존경받는 인생을 살던 이 남자는 2년 전부터 심각한 우울증에 시달리고 있습니다. 약물치료, 정신상담, 취미생활, 독서 등 우울증에서 벗어나기 위한 모든 방법을 다 써보았지만, 차도를 보지 못하고 2년간 그저 침대에 머물러 있을 뿐입니다. 처음에는 그를 돌봐주고 함께 걱정하던 월터의 가족들도 호전이 없는 월터의 상태에 지쳐가고, 결국 서서히 그를 외면하고 증오하기 시작합니다. 견디다 못해 자살을 결심했던 어느 날, 월터는 우연히 누군가 쓰다 버린 인형극용 비버 인형을 얻게 됩니다. 스스로의 의지인지, 아니면 우울증이 악화되다 못해 망상증이 나타난 것인지는 알 수 없지만 월터는 인형에 자신의 일부분을 투영하기 시작하고 이제 자신의 말과 행동 대신 오른손의 비버 인형으로 자신을 표현하며 생활하기 시작합니다.

우울과 무력감을 뒤에 숨기며 오른손의 비버인형으로는 쾌활하고 활기찬 모습을 연기하는 월터 블랙은 마치 외로움과 공허감을 숨기며 살아가는 우리들의 슬픈 자화상과도 같습니다. 그의 오른손에서 쾌활하며 열정 넘치는 사업가를 연기하는 비버는 주변 사람들이 원하는 그의 모습이었지요. 하지만 그 뒤에 숨어 열심히 손가락과 입을 움직이는 월터 블랙의 본체는 무력감과 우울증에 찌든 무기력한 가장일 뿐만 아니라 주변 사람들에게도 그 우울과 무기력감을 전파시키는 가련한 남자일 뿐입니다. 사람들이 원하는 자신의 모습과 내면의 자신의 모습이 충돌하는 것을 견디지 못한 그는 '월터 블랙'과 '비버'로 분열해버리고, 분열은 그의 일상이 되어갑니다.

대상관계 정신분석학자 도널드 위니캇Donald Woods Winnicott, 1896–1971은 이전의 정신분석학자들과는 달리 증상이나 질환이 아닌 주관적 전능감, 즉 주관적인 삶의 만족감에 중심을 두었던 정신분석가입니다. 그에 따르면 유아가 건강한 자기감과 주관적 전능감을 발달시키기 위해서는 '존재의 연속성'타인의 평가와 상관없이 느낄 수 있는 인생의 주관적인 보람과 만족감을 느끼는 것이 필요한데, 이를 위한 필수적인 요소로서 환경the holding environment과 어머니의 역할good enough mothering을 강조하였습니다. '참으로 좋은 어머니good enough mother'는 유아의 몸짓에 적극적으로 반응해주며 이 과정을 기반으로 유아는 주관적인 전능성을 포기하고 외부의 현실세계와 소통할 수 있게 합니다. 결과적으로 아이는 창조적인 삶을 살게 되며, 자신의 삶을 생생하게 받아들일 수 있는 어른으로 성장합니다.

반면, 어떤 어머니는 자신의 몸짓으로 유아의 몸짓을 대체해버리고, 결과적으로 아이는 어머니의 몸짓과 욕구를 자신의 것인양 받아들이게 됩니다. 이러한 비적응적인 순응을 진정한 자기 모습인 '참자기the true self'와 반대되는 용어로서 '거짓자기the false self'라 고 합니다. 거짓자기는 건강한 정상인에서 나타나기도 하지만 극단적인 경우 거짓자기가 참자기를 완전히 대신해 버리기도 합니다. 그 결과, 타인의 삶과 욕구를 모방하는 것을 통해 개인적인 삶을 살 수는 있게 되지만, 실제 친구관계나 가족관계처럼, 전체 인격으로 소통해야 하는 경우 근본적으로 무언가 결핍된 모습을 보이게 됩니다. 즉, 주관적인 중심을 가지고 외부 환경과 결합하는 것이 아니라 타인들의 기대와 자극에만 기대어 살아가는 불안한 삶을 살게 되는 것입니다. 그 결과 삶의 생생함을 잃으며 결핍에 찬 인생을 살아가게 됩니다.

거짓자기인 비버가 뛰어난 경영능력과 재능과 긍정적인 태도로 사람들에게 더욱 사랑받을수록 참자기인 월터 블랙은 점점 텅 비어가게 되고, 비버는 월터 블랙을 거의 잠식하게 됩니다. 주관적인 중심이 취약했던 성인으로 자라난 월터 블랙은 타인의 기대를 충족시키는 것이 무엇보다도 중요했습니다. 타인의 기대를 충족시키는데 도움이 되지 않는 자신의 참자기를 월터는 자신을 무력하게 만드는 걸림돌로 인식하지요. 그래서 그는 자신의 과거 사진을 보여주며 옛날의 자신으로 돌아오기를 바라는 부인의 눈물 섞인 호소에 격노하며 거절합니다.

비버 "원하는 게 이거야? 이게 발전이야? 이런 세상에! 이 친구 병은 우울증이지 기억상실증이 아니야! 이걸 기억하는 게 문제라고 생각해? 되돌아갈 수 없어. 모르겠어? 이건 과거야, 그걸 파헤치면 어떻게 될지 알아? 10층 발코니에 샤워커튼 봉에 목을 매고 있을 거야. 바라는 게 그거야?"

아내 "이것 좀 봐. 이걸 좀 보라니까. 당신이야, 월터 기억나지? 포터가 태어났을 때 당신이 애 옆에 서있었잖아. 포터 눈을 들여다보면서 아무데도 안 간다고 알려줬잖아. 곁에 있을 테니까 무서워하지 말라고. 월터, 그게 당신이야. 내가 사랑하고 필요한 사람. 당신 안에 아직 있어. 거기 있다는 거 알아. 돌아갈 수 있어. 예전의 우리로 돌아갈 수 있어."

비버 "다시는 그 길을 가진 않을 거야, 메리디스. 이 남자는 막

불쾌한 삶에는 늘 내가 없었다.

다른 골목이야. 그는 사라졌어. 그래야만 해.”

　참자기와 거짓자기의 갈등으로 무력해하는 것은 주인공 월터
뿐만은 아닙니다. 영화는 타인의 글을 대필해주는 능력은 뛰어나
나 정작 자신의 인생에서 뭘 원하는지 갈피를 잡지 못하는 월터
의 큰아들 포터와 사랑하는 오빠를 잃고 오빠를 연상케 한다는
이유로 그림에 대한 재능까지도 허용하지 못한 채 잘나가는 우
등생을 연기하며 살아가는 포터의 학교 친구 노아를 통해 영화
의 주제를 더욱 극명하게 드러냅니다. 비버 인형 뒤에 숨어 살아
가는 월터, 타인의 글을 대신 써주며 자신의 진짜 모습을 혐오하
는 아들 포터, 그런 포터에게 ‘진정 자신다운’ 졸업생 축사를 써
달라고 부탁하는 노아, 자신이 아닌 무엇인가가 되어야만 하는
닮은꼴의 세 사람은 모두 결핍되고 생동감 없는 인생을 살아갑
니다.

“널 너답게 만드는 것을 포기한다고 해서, 네 오빠가 살아오지
는 않아.”

　영화의 결론은 현실적이면서도 잔인합니다. 비버가 아닌 월터
를 원했던 아내 메레디스는 결국 월터를 떠나고 맙니다. 그리고
월터는 거짓자기인 비버에서 벗어나 참자기로 돌아가기 위해 팔

을 자해하는 극단적인 방법을 택하고 정신병원에 입원하게 됩니다. 포터는 그동안 돈을 받고 남의 글을 대필해준 사실이 들통나 대학 진학을 못하게 됩니다.

이들은 결국, 진정으로 자신이 원하는 것에 집중하지 않고 타인의 욕망을 추구해온 대가를 현실에서 치르게 됩니다. 실제로 거짓자기가 우세한 삶을 사는 사람은 깊은 가족관계나 친구 관계를 맺기 어려워합니다. 스스로 주관적 만족감을 창조하는 대신 외부의 기대나 시선에만 경도되어 극단적으로 산만해지고, 자신의 인생에 집중하지 못한 채 외적 침범에 어떻게 반응할까 몰두하게 됩니다. 짚으로 쌓아올린 탑이 가벼운 바람에도 무너져 버리는 것처럼 이들의 빈약한 삶은 사소한 일을 계기로도 쉽게 무너져 버립니다.

"하루 또 하루, 매일같이 행복한 척 하는 게 미친 겁니다. 다 잘되고 있는 척하는 건 평생을 그런 척하며 살아야 한다는 것입니다. 모든 잠재력과 희망, 모든 기쁨과 감정, 삶의 모든 열정을 빨아먹어버립니다."

"그간 부모님이나, 선생님, 의사들이 거짓말을 해왔습니다. 다들 똑같은 여섯 단어 거짓말이죠. '앞으로 모두 다 잘될 거야.'

불쾌한 삶에는 늘 내가 없었다.

하지만 그렇지 않으면요? 고통이 여러분 유전자에 있고 비극이 타고난 권리라면요? 좋아요. 분명히 이렇게 생각하실 거예요. '이런, 이렇게 침울한 졸업생 연설은 난생 처음이네.' 맞습니다. 저도 동의해요. 하지만 제가 쓴 게 아니에요. 거짓이 현실이 되길 기다리며 너무 많은 시간을 허비하다가 결국엔 나 대신 진실을 말해달라고 돈을 줬어요. 전 괜찮지 않아요."

가족 영화를 표방한 영화 '비버'의 결말은 그동안의 가족영화의 해피엔딩과 궤도를 달리합니다. 대부분의 가족 영화에서는 상처가 봉합되고 갈등이 치유되며 모두 함께 가족의 틀 안에서 행복하게 살아가는 것으로 결론이 납니다. 하지만 영화 '비버'는 그것이 해결책이 아니라고 말합니다. 매일을 괜찮은 척 하면서 마치 다른 사람이 된 것처럼 힘차게 사는 것은 영혼을 병들게 하는 행위이며 남의 욕망을 만족시키며 행복한 척 살기 보다는 자신의 욕망을 똑바로 보고 자기 자신으로서 인생을 살아나가는 것만이 진정으로 가족을 위하는 길이라고 말합니다.

같은 유전자에서 비롯된 혈육이라 한들 이미 다른 개체로 태어난 버린 이상 진정으로 도달하고 싶은 지점은 다를 수밖에 없습니다. 영화는 '가족 공동체의 회복' 대신 '각자 독립된 인생으로서의 완성'을 추구합니다. 노아의 졸업연설처럼, 그 과정에서의 고통은 '타고난 권리'이며 주변 사람들을 걱정시키지 않으려고 자신의 본연의 욕망을 숨기고 살다가는 '그러한 삶이 자신의 모든 것을 빨아먹어버리기 때문'입니다. 참자기가 소실된 자리에 남는 것은 또다른 인생이 아니라 공허한 인생뿐이지요.

월터는 어째서 비버가 되어야만 했을까요? 그리고 왜 그의 가족들은 '성공적인 일부' 대신, '무기력한 전체'를 원했던 것일까요? 우리는 종종 사회에서 바라는 훌륭한 사람의 조건을 한 몸에 가지고 있으면서도 공허해 보이는 사람들을 만나게 됩니다. 이러한 사람들과 관계를 맺다보면 아무리 노력해도 좁혀질 수 없는 마음의 거리를 느끼게 됩니다. 우리는 그 사람 전체를 만난 것이 아니라 그 사람의 비버를 만나고 온 것이기 때문입니다. 좁혀지지 않는 마음의 거리는 타인에게도 결핍감과 공허감을 유발하게 합니다. 그러한 이와 삶을 공유해야 하는 가족들에게는 말할 것도 없지요.

참자기로서 사회 속에서 살아가는 것은 사회에 순응하면서도 자기 자신으로 진정으로 존재하며, 자신의 인생에 자발적인 태도를 가짐을 의미합니다. 인간인 이상 인간의 사회 속에서 타인과 살아갈 수밖에 없지만, 인생은 앞서 지나간 이의 삶과 욕망을 복제하는 것이 아닌 자신의 삶과 욕망을 창조하는 것이기 때문입니다. 거짓자기로서 살아가는 이들의 인생의 주인은 자신의 밖에 있습니다. 나로 살아본 적 없는 이들은 한 순간의 외부 신호에 전전긍긍하며 이들의 기대를 맞추기 위해 필사적으로 뛰어갑니다. 참자기로 살아가는 이들의 인생의 주인은 자신 안에 있습니다. 이들은 자신만의 행복의 상징을 가지고 의연히 그 상징을 향해 걸어갑니다. 돈, 명예, 타인의 인정은 그것을 위한 도구에 불과하지요.

월터는 아들의 방을 살펴보고 거짓자기로 살아온 인생이 아들에게 미친 영향에 큰 충격을 받습니다. 직접적으로 드러나지는 않지만, 영화 곳곳에서 월터와 월터 아버지와의 갈등을 엿볼 수 있습니다. 애초에 그의 현재 위치인 장난감 회사 사장자리 자체가 아버지에게 물려받은 것이며, 그의 인생이 주관적인 그의 생각에 의한 것이 아니라 아버지의 대리 인생에 불과했음이 곳곳에 암시 됩니다. 그리고 월터의 아들은 그러한 아버지와의 공통점을 발견할 때마다 자해를 합니다. 월터는 거짓자기의 인생이 아들의 인생 또한 공허로 채우고 있는 것을 보고 다시 비버에서 월터로 돌아오기로 합니다. 참자기를 되찾기로 결심합니다.

"아버지와의 공통점 : 입술 깨물기, 눈썹 마사지, 아버지를 미워하는 것"

창고에서 벌어지는 자신의 오른손과의 혈투씬은 우스꽝스럽지만 섬뜩하기도 합니다. 이는 개인이 사회에서 자기 자신의 진짜 모습을 드러내려고 할 때마다 감당해야 하는 두려움과 반발을 상징하기 때문입니다. 혹자는 이건 너답지 않다며 사회에서 바라는 모습이 너의 진짜 모습이라고 설득합니다. 누군가는 그런 식으로 살면 외톨이가 될 거라며 협박합니다. 누군가는 너에게 강요되는 이 모든 것이 사랑이라며 달콤하게 회유합니다. 그러나 이러한 말은 실체가 없는 두려움이며 결국 자신의 실존을 공허하게 만들 뿐이라는 것을 영화는 월터의 인생을 통해 제시합니다. 월터는 오른 팔의 절단이라는 극단적인 방법을 택하며 선언합니다. '넌 단지 나의 일부분일 뿐이야.' 그리고 사랑받는 비버보다는 겁 많고 자신감 없는 월터로 되돌아옵니다.

월터는 비버에서 벗어난 후 무력감에서 벗어나 재활하고자 노력합니다. 이전에는 무력감에서 벗어나려는 이유가 타인을 만족시키기 위해서였다면, 이제 월터는 자신을 위한 인생을 살려고 합니다. 비록 그것이 가족들을 슬프게 할지라도, 사회적으로 패배자의 모습이더라도 이제 그는 자신의 본연의 모습에 충실하고자 합니다. 포터는 아버지 월터를 이해하기 시작합니다. 강하고 능력 있고 쾌활한 슈퍼맨이 아니라 때로는 약하고, 비겁하고, 버림받을까봐 두려움에 떨고, 자신과 마찬가지로 자신의 아버지를 미워하는 아버지를 자신과 같은 한 명의 인간으로써 이해하기 시작합니다. 노아는 죽은 오빠에 대한 그리움을 그림으로 표현하기 시작합니다. 세 명 모두 거짓자기의 삶에서 벗어나 한 명의 참된 자기로 향하는 한 걸음을 떼기 시작합니다.

"제가 어렸을 때는 아빠처럼 되고 싶었어요. 커가면서 다른 사람이 되고 싶었어요. 지금은……"

모두 각자의 길을 걷게 되는 영화의 결말은 사실 가족의 해체를 의미하는 것이 아니라 한명의 독립된 인격이 되기 위해서 극복해야할 고통에 대한 가족들의 존중과 배려를 나타낸다고 보여집니다. 사랑은 그의 긍정적인 일부와 하는 것이 아니라 긍정과 부정이 혼재된 그의 전체 내면과 하는 것이기 때문입니다. 사랑은 '그래서' 하는 것이 아니라 '그럼에도 불구하고' 하는 것이기 때문입니다. 치열한 경쟁 사회는 나약하고 무력한 우리 자신을 숨기고 진짜 나를 텅 비워가게 합니다. 월터가 만든 히트상품인 나무 목공세트 비버가 대량 생산되는 장면처럼 모두가 자신을 숨기고 비버로 살아가는 세상이 되어 버리지 않았나 두려움마저 들기도 합니다.

하지만 영화는 말합니다. 언젠가 당신이 맞게 될 인생의 가시

밭길에서, 당신이 힘들고 무력한 모습을 보여도 당신을 진정으로 사랑하는 사람들은 여전히 당신을 사랑해 줄 것이라고 말입니다. 사랑은 사람의 일부가 아니라 그 전체 인격과 하는 것이기 때문입니다. 오히려 진짜 모습을 숨기고 좋은 부분만 보이는 것이 주변 사람이 그를 사랑하는 것을 어렵게 만드는 것이라 말합니다. 우리에게 필요한 것은 "모든 게 잘 되고 있어."라는 거짓자기보다는 하는 일이 잘 되지 않아도, 무력하고 두려워도 혼자가 되지 않을 것이라는 믿음과 의외로 나약한 자신과 타인의 참모습에 대한 용서와 배려가 아닐까 합니다.

"사실을 말하자면 제겐 빠진 게 있어요. 내가 가장 사랑했던 것. 지금 앞줄에 앉아있길 바랬던, 다시는 돌려받지 못할 오빠죠. 그걸 제가 어떻게 해야 되죠? 우리 중 누구라도 어떻게 해야 하죠? 거짓말 말고? 전 이렇게 믿어요. 지금 이 강당에 여러분과 함께 한 사람들이 있어요. 기꺼이 키스해주고 용서해주고 여러분을 참아주고, 기다려주고, 여러분을 사랑하는 사람들 말이에요. 모든 게 항상 잘되리라는 것은 거짓말이지만, 여러분은 혼자가 아닙니다."

불쾌한 삶에는 늘 내가 없었다.

3부

우리는 절대 서로 닿지 못한다.

마음과 마음이 닿아도 끝내 이해할 수 없는 영역

우리 뇌는 어떤 정보를 인간으로 인식할까?

서치, 2018, 아니쉬 차간티 / 소셜 네트워크, 2010, 데이빗 핀처

"You Don't Get to 500 Million Friends Without Making A Few Enemies."

"5억 명의 친구를 만들려면, 적도 좀 생기기 마련."

_영화 〈소셜 네트워크〉 중에서

스마트폰과 더불어 페이스북, 트위터 등의 소셜 네트워크 서비스(이하 SNS)는 오늘날 우리들의 생활 깊숙이 자리 잡고 있습니다. 우리는 페이스북에서 인맥을 넓히고, 트위터로 자신의 의견을 펼치고 인스타그램에서 최신 정보를 공유합니다. 반면에 SNS에는 부작용 또한 존재합니다. 개인정보의 유출 및 이를 악용한 범죄

가 일어나고, 갈등의 장이 되기도 합니다. 또한 개인에 대한 인신 공격성 댓글이나 공격적인 글로 정신건강의학과 치료를 받는 경우도 늘어나고 있습니다.

온라인 서비스에서의 인간관계가 실제의 대인관계를 대체할 수 있을지는 오랜 논쟁거리가 되고 있습니다. 어떤 이들은 온라인의 인간관계는 실체 없는 환상이라고 단언합니다. 더 나아가 이러한 온라인 사회관계망이 인간의 사회성을 저하시키고, 결국에는 인간을 고립시킬 것이라는 비관적인 의견마저 존재합니다. 이러한 논란은 2000년대 이후 많은 영화들의 소재가 되어왔습니다. SNS는 굳이 영화의 전면에 나서지 않더라도 극의 진행 도구가 되기도 하고(아메리칸 셰프), 또는 아예 SNS의 폐해 자체를 다루기도 합니다(디스커넥트). 오늘 다룰 영화 '서치'와 '소셜 네트워크' 또한 현대사회에서 절대 떼놓을 수 없게 된 이러한 소셜네트워크를 바라보는 두 가지 반대되는 시선을 다룬 영화입니다.

영화 '소셜네트워크'는 현재 전 세계에서 가장 인기있는 소셜 네트워크 플랫폼 '페이스북'의 설립자이자 가장 젊은 억만장자 중 하나인 '마크 주커버그'가 페이스북을 설립하면서 일어나는 두 건의 소송에 대하여 다룬 전기영화입니다. 엘리트 클럽에 소속되어 인정받고 싶은 열등감 많은 하버드대생 마크 주커버그제시

아이젠버그는 어느 날 여자친구에게 이기적인 언행을 일삼다가 따끔한 일침과 함께 차이고 맙니다. 술에 취해 돌아온 그는 하버드 기숙사의 학생 데이터베이스를 해킹해 그들의 얼굴 사진을 비교하는 사이트 '페이스 매쉬'를 만듭니다. 그리고 그를 눈여겨본 엘리트 클럽의 윙클보스 형제는 그에게 하버드 대학교 소속 학생들만의 배타적인 커뮤니티인 '하버드 커넥션'의 개발을 맡깁니다.

술에 취해 친구들과 낄낄대며 불법 해킹을 통해 타인의 얼굴 비교 사이트를 만드는 주커버그와 이에 열광하는 사람들, 그리고 이와 동시에 명문 하버드의 엘리트 클럽 남학생과 연을 맺기 위하여 그들의 비밀파티에 줄지어 찾아오는 타 학교 여학생들의 모습이 겹칩니다. 영화는 이러한 장면을 통해 사람들이 소셜 네트워크를 사용하는 인간의 욕망 두 가지를 드러냅니다. 타인의 인생을 비밀리에 훔쳐보는 관음증voyeurism과 나를 엘리트 클럽으로 올려줄 수 있는 인맥network.

윙클보스 형제는 몇몇을 특별하게 해줄 엘리트 클럽을 원하지만, 주커버그는 특별한 사람과 연결되어 자신도 특별해지고자 하는 인간 공통의 욕망을 읽습니다. 이에 착안한 주커버그가 자신의 친구인 왈도앤드루 가필드와 함께 창안한 SNS 플랫폼 페이스북은 그야말로 대박이 나고 그들의 사업은 확장일로를 걷습니다.

사업의 성공과 높아지는 자신의 유명세에 눈이 먼 그는 동고동락한 친구와 멀어지게 되고 결국은 친구와 동료를 속여 쫓아냅니다. 영화의 현재 시점은 그가 겪고 있는 결과입니다. 즉, 가장 친한 친구인 왈도 및 한때는 동업자였던 사람들과의 진흙탕을 방불케하는 소송을 벌이고 있지요. 소통의 창구를 개발한 주커버그가 막상 소통의 부재로 인해 모두를 적으로 돌리는 모습을 통해 영화는 '친구', '우정', '신뢰'라는 절대가치가 '돈', '재산', '인맥'이라는 도구적 가치로 변화하는 모습을 신랄하게 보여줍니다.

우리의 뇌는 '사람'과 '물건'을 대할 때 전혀 다른 방식으로 반응합니다. 사람은 타인이 다치는 모습을 보면 자신도 정신적으로 고통 받습니다. 이러한 고통은 때로는 육체적 통증과 구분이 잘 되지 않을 만큼 강렬합니다. 그러나 인간과 인간이 직접 대면하지 않고 부호화된 디지털 네트워크로만 소통할 때 우리는 페이스북의 페이지 너머에 나와 똑같이 기뻐하고 슬퍼하는 살아 숨쉬는 인간이 있음을 인지하지 못합니다.

그래서 인간은 때때로 눈앞의 인간에게는 차마 할 수 없는 심한 이야기를 인터넷 댓글을 통해 서슴없이 하여 상대방의 마음을 헤집어 놓습니다. 왜냐하면 우리의 뇌는 직접 대면하지 않은 채 기호로만 전달되는 정보를 쉽게 인간으로 인식하지 않으니까

우리는 절대 서로 닿지 못한다.

요. 호의적인 관계라도 마찬가지입니다. 결국 친구는 그 자체로 추구해야할 대상이 아니라 나를 더 높은 곳으로 올려줄 수단이 되어버리고, 사람과의 만남은 감정의 교류가 아니라 이득을 흥정하는 비즈니스가 되어버립니다.

영화 '서치'는 SNS를 소재로 다룬 또 다른 영화입니다. 모든 사건 전개가 IT 기계를 통해서만 이루어지는 독특한 형식으로 큰 화제가 되었던 영화입니다. 영화는 구형 윈도우 XP에 담겨 있는 죽은 아내의 모습^{사라 손}을 통해 아빠와 딸로 이루어진 이 한국계 미국인 가정의 아픈 가족사를 보여줍니다. 그리고 딸^{미셸 라}의 실종에 대한 아버지^{존 조}의 단서 찾기라는 영화의 주요 사건에 이르러서는 이메일, 맥 OS, 아이폰 페이스타임, 페이스북, 인터넷 개인방송, CCTV 화면 등의 우리에게 익숙한 거의 모든 SNS 플랫폼을 통해 줄거리를 진행합니다.

세 건의 부재중 통화 후 연락이 두절된 외동딸을 필사적으로 찾던 아버지는 자신이 딸의 SNS를 통하지 않으면 딸의 생각이나 행선지에 대하여 어떠한 짐작도 할 수 없을 정도로 딸에 대하여 무지했다는 것을 깨닫게 됩니다. 딸의 페이스북 친구 목록의 그 어디에도 딸의 진짜 친구는 없다는 것도, 어머니의 죽음을 극복하지 못하고 피아노를 포기했다는 것도 이제야 알게 됩니다.

그는 웹상에 흔적으로만 존재하는 자신의 딸이 자신이 알던 모습과 너무도 다르다는 점에 혼란스러워합니다. 인터넷에는 온갖 악성 루머가 난무하고, 딸의 실종뉴스에는 아픈 가족사를 웃음거리로 삼는 모욕적인 댓글이 넘쳐납니다. 그러나 아버지는 검색Search을 멈출 수 없습니다. 그것만이 사라진 딸의 행방을 찾을 유일한 단서니까요.

이렇게 차가운 기계 화면에서 전달된 감독의 메시지는 오히려 따뜻함과 인간미가 넘칩니다. 지금은 찾아보기 힘든 구형 윈도우의 저화질 동영상 속의 아내의 모습은 지금은 돌아올 수 없는 그 때 그 시절에 대한 향수를 자극합니다. 자신에게 거짓말을 한 딸아이에게 실망과 거친 말이 섞인 장문의 문자 메세지를 작성하였다가 차마 전송키를 누르지 못하고 삭제해버리는 아이폰 화면에서는 혼자 딸을 기르느라 고군분투하는 아버지의 고민을 엿볼 수 있습니다. 딸과 관련된 모든 것을 강박적으로 검색해보는 구글 화면과 서툰 솜씨로 익숙하지 않은 인터넷 개인방송이나 텀블러 등을 뒤지는 PC 화면에서는 자신과 다른 세대를 살고 있는 딸의 마음을 조금이라도 이해해보려는 중년 아버지의 안타까움이 흘러넘칩니다.

영화 '소셜네트워크'에서는 인간을 사물화하고 계량하고 순위

우리는 절대 서로 닿지 못한다.

를 매겼던 SNS가 영화 '서치'에서는 너무도 사랑하던 내 딸의 생생한 표정이 되고, 그녀가 어머니를 잃고 얼마나 마음이 아팠는지, 얼마나 고독했는지를 이해하는 단서가 됩니다. 그리고 이 단서는 아내를 잃고 이제는 딸마저 잃을 위기에 놓인 한 외로운 남자가 자신의 딸을 물리적으로, 감정적으로 되찾을 마지막 기회가 됩니다. 한 영화 속에서의 SNS의 타인은 거래할 수 있는 사물이 되었고, 다른 한 영화에서는 피가 흐르고 살아 숨 쉬는 생생한 인간이 됩니다. 이 차이는 어디에서 나오는 걸까요? 그리고 타인의 정보를 인식한 우리의 뇌는 대체 어느 지점부터 인간을 인간으로 인식하게 될까요?

이에 대해서 1944년 지각심리학자 '프리츠 하이더'는 재미있는 실험을 합니다. 실험 참가자들에게 도형들이 제각각 움직여 모였다가 흩어지는 양상이 반복되는 애니메이션 비디오를 보여주고 무엇을 보았는지를 설명하게 합니다. 그러자 대부분의 참가자들은 이 단순한 도형의 움직임에 인간성을 부여합니다. 도형의 움직임에서 짝사랑, 추적, 공격, 슬픔 등의 아주 지극히 인간적인 정서상태를 읽어내는 것입니다. 우리의 뇌는 인간과 사물을 엄격하게 구분합니다. 그러나 우리는 때로 사물을 인간처럼 대하기도 합니다. 어렸을 적 곰인형의 손을 친구처럼 잡고 다니고, 화면 속에서만 존재하는 만화 캐릭터를 자신의 연인처럼 사랑하기도 합니다. 결국, 우리의 뇌에서 인간인가 인간이 아닌가의 차이는, 상대방에게 마음이 있다고 생각하는지 또는 그렇지 않은지의 차이였습니다.

우리가 마음을 가지고 있다고 생각하는 대상과 접촉할 때, 그것이 글이든 그림이든 페이스북에 올린 사진이든 간에 우리는 우리와 접촉한 다른 마음의 기분과 의도를 추측합니다. 그리고 우리가 다른 한 마음의 상태를 추측할 때 우리 뇌의 특정 부분에서 마치 거울처럼 우리가 추측하는 그 사람의 감정과 의도가 재현됩니다. 이것을 전문용어로 거울신경세포체계라고 합니다. 그리고 아직은 가설이지만 이는 인간의 가장 인간적인 행동, 타인의 고통을 내 자신처럼 느끼고, 이를 안타까워하고 눈물을 흘리는 공감의 근원이라 여겨지고 있습니다.

주커버그가 사업에서 소외되는 자신의 친구 왈도의 기분보다 왈도가 가져다준 금전적 손해에 집중했을 때 왈도는 주커버그 안에서 사람이 아니라 사물이 되어버립니다. 그리고 필사적으로 딸의 사진과 영상과 메시지를 살펴보며 딸의 기분과 마음을 이해하려 했던 아버지의 마음속에서 딸의 SNS계정은 기호와 정보의 덩어리가 아닌 딸의 마음 그 자체로 변합니다. 정보의 형태는 중요하지 않았습니다. '네트워크' 자체가 아니라 우리가 그 네트워크에서 무엇을 '검색'해서 읽어내느냐의 문제였습니다. 왜냐하면 타인의 마음을 받아들이는 것은 우리의 뇌에서 일어나는 '현상'이 아니라 뇌가 행하는 '행위'였기 때문입니다. 결국 '우리의 뇌는 타인의 정보의 어느 지점부터를 인간으로 인식하게 되는 걸까요?'라는 질문은 다음과 같은 질문으로 치환됩니다.

'당신은 당신과 접촉하는 인간의 마음을 읽기 위해 얼마나 노력^{Search}하고 있나요?'

타인의 정보를 받아들이는 서로 다른 행위를 보인 이 두 영화들의 결론은 어떨까요? 모든 우정과 사랑을 네트워크로 바꿔버린 외로운 억만장자 주커버그는 헤어진 여자 친구의 페이스북에 친구신청을 누릅니다. 그리고 그녀가 자신을 다시 받아주기를 기다리며 무표정한 얼굴로 '새로고침'을 누릅니다. 딸의 아픔과 외로움을 진심으로 이해하게 된 아버지는 문자 한 통에 이전에는 결코 보낼 수 없었던 자신의 진심을 실어 보냅니다.

"I'm so proud of you. Mom would be too."
"네가 정말 자랑스럽구나. 엄마도 그럴 거야."

_영화 〈서치〉 에필로그

대화, 터무니없이
불완전한 인간의 통신

그래비티, 2013, 알폰소 쿠아론

공감, 우리가 영화를 보는 이유

왜 우리는 영화를 보는 걸까요? 어째서 우리는 스크린 속 두 시
간에 펼쳐지는 한정된 인물들의 한정된 시간과 공간 속에서의
이야기에 열광하는 것일까요? 여러 가지 답이 나올 수 있는 질문
이지만, 개인적으로 저는 우리가 영화를 보는 이유를 공감sympathy
에서 찾습니다.

인간의 뇌에서 유난히 발달된 전두대피질Anterior cingulate cortex 덕
분에 우리는 때때로 타인의 감정을 자신의 것처럼 느끼게 됩니

우리는 절대 서로 닿지 못한다.

다. 이는 인간 정신의 작용 중 가장 인간다운 부분이기도 합니다. 그리고 이 공감 덕분에 우리는 스크린 속 등장인물들의 삶의 절망과 환희를 마치 자신의 것처럼 느끼게 됩니다. 이렇게 타인의 감정을 내 것으로 만들며 스크린 속의 간접 체험을 생생한 나의 일부로 바꿔갑니다.

따라서 모든 영화는 등장인물들의 삶과 행동의 기록인 동시에 감독이 우리에게 보내는 메시지이기도 합니다. 그리고 그 메시지가 생생할수록 영화는 생명력을 얻게 됩니다. 반대로, 메시지가 희미한 영화는 아무리 많은 자본과 화려한 특수효과가 투입되더라도 기억되지 못합니다. 오늘 소개드릴 영화 '그래비티'는 전자에 속하는 영화입니다.

영화 그래비티는 우주왕복선을 타고 허블 우주망원경을 수리하던 라이언 스톤 박사산드라 블록가 우주쓰레기와의 충돌로 인해 우주 미아가 되고, 여러 고난을 거쳐 결국 지구로 귀환하게 된다는 매우 단순한 플롯을 가지고 있습니다. 그러나 이 영화가 안기는 시각적인 충격은 압도적입니다. 광활한 우주에서 표류하는 우주비행사의 모습은 현장감이 넘치며, 아무도 없는 거대한 공간에서 혼자가 되는 공포를 매우 생생하게 표현합니다. 그러나 영화는 우주의 광활함을 단순히 볼거리나 배경으로 소모하지 않고 모든 관계가 단절된 인간의 고독과 연결시킵니다.

인간, 고독 속으로 내던져지다

우주공간으로 튕겨져 나온 스톤박사가 아무것도 보이지 않는 우주공간에서 자신의 목소리를 들어줄 누군가를 애타게 찾을 때, 우리는 우리 인생에서 마주했던 절대적 고독의 순간을 떠올리게 됩니다. 영원할 줄 알았던 자신의 사랑이 사실은 찰나의 감정의 화학작용에 불과했음을 깨달았을 때, 평생을 함께할 줄 알았던 가족의 죽음이라는 냉엄한 현실과 맞닥뜨렸을 때, 조용하고 아름다워 보였던 우주는 순식간에 우리를 집어 삼키는 심연이 됩니다. 결국 중력이 없는 우주공간은 모든 관계가 단절된 인간의 삶에 대한 은유이기도 합니다. 동료 우주비행사인 매트^{조지클루니}와의 대화에서 감독은 스톤 박사가 딸을 잃은 후에 자신의 인생에서도 내던져진 상태임을 드러냅니다.

"그래. 여기에 있어서 제일 좋은 게 뭐야?"
"조용한 거요. 곧 익숙해지겠지만요."

"딸이 있었어요. 네 살이었어요.

우리는 절대 서로 닿지 못한다.

학교에서 술래잡기를 하는데, 넘어져서 머리를 부딪쳤어요.
그게 다예요. 바보같이…,

전화를 받았을 땐 운전 중이었어요.
그 이후로 그냥 그렇게 살아요.
일어나서 일하고, 운전하고…"

영화에서는 끈, 통신 등의 소품을 통해 사람과 사람을 이어주는 것, 즉 관계를 표현합니다. 중력이 없는 우주공간을 통해서 중력의 존재를 드러내듯이, 관계가 단절된 스톤 박사의 삶의 일부를 보여줌으로써 인간에게 있어서 타인의 존재의 의미를 드러냅니다.

매트는 결국 스톤 박사를 살리기 위해 스스로 둘을 연결한 끈을 놓아버리게 되고, 끊임없는 수다로 스톤의 마음을 지지해주던 매트는 우주 너머로 사라집니다. 잠시나마 안식을 얻었던 스톤은 다시 완전한 고독을 견뎌내야 합니다. 사람과 사람의 만남은 필연적으로 헤어짐이 내포되어 있습니다. 그리고 그 헤어짐은 지금까지 간신히 견뎌내어 왔던 처음의 고독에 그 이상의 고통을 더합니다. 그리고 그것은 스톤 박사가 모든 관계를 단절하고 우주로 올라오게 된 이유이기도 합니다.

대화, 터무니없이 불완전한 인간의 통신

혼자가 된 스톤의 여정은 우주정거장에서의 잠깐의 휴식으로 이어집니다. 또 한 번의 상실을 경험한 그녀에게 우주정거장 또한 안식처는 아닙니다. 필사적으로 지구와의 통신을 시도하는 스톤에게 들려온 것은 구원의 목소리가 아닌, 전혀 알아들을 수 없는 언어로 말하는 누군가의 목소리였습니다.

"아닌강, 강아지 소리 좀 들려주실래요?
오…, 난 죽을 거예요. 나도 알아요.
누구나 죽는다는 선. 누구나 알죠.
그치만 난 오늘 죽을 거예요.

근데 이거 알아요?
저 아직도 무서워요. 진짜 무서워요.
아무도 날 위해 슬퍼하지 않을 거예요.
날 위해 기도도 안 해줄 거예요. 날 위해 슬퍼해줄래요?"

서로 말이 통하지 않는 스톤 박사와 아닌강의 통신은 사람과 사람의 불완전한 이해를 바탕으로 한 관계를 상징적으로 보여줍니다. 우리의 언어는, 우리의 모든 생각을 그대로 전해주고 있는

우리는 절대 서로 닿지 못한다.

걸까요? 그리고 우리의 언어를 들은 상대방의 마음속에는 우리의 모든 생각과 심상이 그대로 재현되고 있을까요?

어떤 정신분석가들은 사람은 타인의 실체가 아닌 자신의 마음에 비친 타인의 표상과 상호작용할 뿐이라 말하기도 합니다. 표상과 실체의 간격은 영화 속의 아득한 우주공간만큼이나 떨어져 있지요. 그래서 우리는 곁에 누군가가 있어도 고독할 때가 많습니다. 내 마음 속의 타인과 실제 그 사람이 얼마나 같을지, 우리가 그 사람을 이해했는지 아니면 단지 이해한 것으로 상상하고 있을 뿐인지 우리는 영원히 알 길이 없습니다. 다만 그 사람이 나를 떠나갈 때, 내 안에 담긴 그 사람의 일부가 사라집니다. 동시에 나는 나의 일부가 떨어져나가는 고통을 겪게 됩니다. 타인과의 만남이 고독의 끝을 의미하는 것은 아닙니다. 타인과의 만남은 언젠가 겪게 될 아픔을 의미하기도 합니다.

상실 속에서 사람은 재생한다.
그래서 나의 착륙은 언제나 또 다른 발사였다.

우주정거장의 유일한 착륙선인 소유즈를 이용해 중국 우주정거장 텐궁을 향해 발진을 시도하지만, 연료가 떨어진 상황, 스톤

박사는 모든 생존의 가능성을 접습니다. 타인과의 만남이 타인의 모습을 받아들여 나의 일부로 삼는 것이라면, 더 이상 타인과 만날 수 없게 된 삶에는 무슨 일이 일어날까요? 그녀는 결코 닿지 않을 아이의 울음소리, 강아지 울음소리, 자장가 소리를 들으며 자살을 결심합니다. 그러나 그 순간, 스톤은 우주 공간 속으로 사라진 매트의 환영을 보게 됩니다. 그리고 매트의 환영은 삶을 포기한 스톤박사에게 그럼에도 불구하고 다시 살 것을 역설합니다.

매트 "연착륙 제트엔진은 시도해봤나?"

스톤 "그건 착륙용이잖아요."

매트 "착륙이나 발사나 둘 다 시스템은 같아."

스톤 "매번 추락했다구요."

매트 "그럼, 지구로 돌아갈 거야, 아님 여기서 계속 살 거야? 여기가 멋진 건 나도 알아. 여기선 자넬 해칠 사람도 아무도 없어. 안전하지. 내 말은… 왜 사는 거야? 아니, 산다는 게 뭐지? 가기로 결정했으면 계속 가야 해. 등 뒤에 붙이고 가는 거야. 땅에 두 발로 딱 버티고 서서 살아가는 거야. 이봐 라이언?"

스톤 "네?"

매트 "집에 갈 시간이야."

스톤 "착륙은…, 발사다."

우리는 절대 서로 닿지 못한다.

애도mourning와 우울melancholia은 대상의 상실로 인해 발생하는 서로 다른 결과입니다. 상실을 견뎌내는 힘이 약한 경우, 받아들인 대상은 여전히 외적 대상으로만 남아있게 됩니다. 따라서 대상과 이별하게 되면 내면의 자신이 버림받았다고 느껴 고통스러워합니다. 반면, 이별을 충분히 견뎌내는 경우에는 애도반응을 거쳐 대상이 곧 자신의 일부가 됩니다. 그 사람과 이별해도 그 사람의 특성과 의미를 생활 속에서 받아들여 살게 됩니다. 가슴 속에 남아 있는 대상과의 좋은 관계와 추억은, 자신에게 다른 사람을 사랑하고, 잃어버린 자신을 회복시킬 수 있는 능력이 있다고 믿게 합니다. 한 사람과의 만남과 사랑을 통해서, 다음 사람과의 사랑이 잉태됩니다.

서로가 서로를 완전히 이해할 수 없었던 지난날 우리들의 대화는 우리의 인생에서 아무런 의미를 만들지 못했던 것일까요? 서로 손이 닿지 않는 건너편에서 서로를 부르는 두 사람의 목소리는 비록 뜻은 통하지 않지만, 저 건너편에 나와 똑같은 누군가가 있다고 느끼게 하고, 그럼으로써 삶의 온기를 느끼게 하고 그 안에서 인간의 생의 의지는 다시 타오릅니다.

이름 모를 누군가와의 뜻도 통하지 않는 대화, 아이 울음소리, 자장가, 강아지 소리, 먼 곳 어디선가에서 분명히 자신의 존재를 알리는 인간의 온기는 식어버린 스톤의 가슴에 불을 붙이고, 여전히 가슴 속에 남아있는 매트를 불러옵니다. 그리고 매트는 착륙용 로켓으로 멈춰버린 우주선을 발사시키자고 합니다. 주저하는 스톤에게 가슴 속의 매트는 강변합니다. 이 세상에 존재하는 모든 착륙은 언제나 또 다른 발사라는 것을 말이죠. 타인과의 만남으로 인한 아팠던 그 모든 순간이 사실은 자신의 존재를 유지하게 해주는 삶의 온기였다는 것을 말입니다.

천신만고 끝에 다다른 중국의 우주정거장 텐궁에서 이제 스톤은 위험을 무릅쓰고 지구로 돌아가기로 합니다. 아닌강과의 통신을 통해, 매트와의 대화를 통해, 그리고 아무 것도 없는 무의 세계를 거쳐 오면서 그녀는 앞으로의 인생에서 자신이 이제까지 잃어왔던 것을 회복시키리라 확신합니다. 매트의 말대로 '땅에 두 발을 딱 붙이고' 살기로 결심한 것입니다.

그녀가 도달하게 될 중력의 세계에서는 이제껏 그녀가 외면해 왔던 수많은 만남과 상실이 기다리고 있을 것입니다. 중력은 우리를 지탱해주지만, 우리는 이 중력 때문에 자유롭지 못하고, 짓눌리기도 하고, 때로는 마음이 찢어지는 아픔을 느끼기도 합니다. 그러나 이제 그녀의 마음속에 망설임은 없어 보입니다. 착륙은 언제나 또 다른 발사였다는 것을, 그녀는 이미 알고 있기 때문입니다.

　우리는 왜 영화를 보는 걸까요? 왜 우리는 화면 속에서 펼쳐지는 타인들의 이야기에 울고 웃는 걸까요? 어째서 우리는 상처받을 줄 알면서도, 완전히 이해받지 못할 것을 알면서도 타인과의 관계를 갈망하게 되는 것일까요? 그리고 상대방의 마음에 결코 닿을 일 없는 통신을 끊임없이 시도하는 것일까요? 어쩌면 우리가 마음속에 담게 되는 타인의 존재 하나하나가 우리 마음속에 온기 하나를 더하게 되기 때문일지도 모릅니다. 그리고 그 온기를 통해 우리는 우리의 존재를 확인하고 살아갑니다.

　"이제 내가 보기에 결과는 둘 중 하나다.
　멋진 여행을 다녀왔다고 자랑하든지,
　아니면 10분 안에 불타죽든지.
　어찌됐든, 밑져야 본전이니까.
　어느 쪽이든 엄청난 여행이 될 테니까.
　난 준비됐어."

나는 내 상처의
피해자이기만 할까?

주토피아, 2016, 바이론 하워드, 리치 무어

1937년 애니메이션 「백설공주와 일곱난장이」 이래 디즈니는 오랜 시간동안 자라나는 어린이들을 꿈과 환상의 세계로 안내해 왔습니다. 많은 어린이들이 지금도 극장에서, TV 앞에 모여 앉아 피터팬과 함께 하늘을 날기도 하고, 마법에 걸린 공주도 되었다가 왕자가 되어 무서운 마녀와 싸우기도 합니다. 초기의 디즈니 애니메이션은 매우 단순하고 평면적인 구조를 취하였습니다. 이해를 쉽게 하기 위하여 선과 악은 한 눈에 알아볼 수 있을 정도로 뚜렷하며, 남성과 여성의 역할은 동화 속의 왕자님과 공주님처럼 전형적이었습니다. 설령 원작의 의도와 어긋나더라도 권선징악에 어긋나는 요소들은 과감하게 삭제되고 생략되었습니다.

우리는 절대 서로 닿지 못한다.

세월이 지나며 점차 디즈니 애니메이션은 이러한 전형적인 틀에서 벗어나기 시작합니다. 여주인공들은 왕자님을 기다리는 대신 갑옷을 입고 전장에 나가거나 직접 자신이 원하는 바를 찾아 모험을 떠납니다. 완벽한 미남 미녀 주인공들의 자리는 장애가 있는 물고기, 주목받지 못하는 비디오 게임 캐릭터, 마법을 통제하지 못하는 공주 등 다양한 입장의 불완전한 주인공들로 채워집니다. 그리고 2016년 디즈니는 시선을 우리가 사는 세상으로 돌립니다. 바로 동물들^{Zoo}의 이상향^{Utopia}인 주토피아를 통해서요!

"수천 년 전, 약육강식의 세상에서 초식동물들은 포식자의 먹잇감이었죠. 맹수들은 본능을 억제하지 못하고 공격하고 해치고 사정없이 죽였어요. 그때 세상은 두 부류로 나뉘었죠. 사악한 포식자와 온순한 사냥감.
하지만 우리는 진화했고 더는 원시적이고 야만적이지 않죠. 이젠 맹수와 먹잇감이 서로 화목하게 살고 더 많은 기회를 갖게 되었어요. 여기서 340km 떨어진 주토피아에서 우리 조상들은 하나가 됐고, 이렇게 선언했죠.

'누구나 뭐든지 될 수 있다.'"

_영화 〈주토피아〉 프롤로그 중에서

이처럼 애니메이션 주토피아는 시작부터 세계관 설명을 통해 이 이야기가 현대사회를 비유하고 있음을 선언합니다. 경찰이 되고 싶어하는 토끼 '쥬디'가 겪는 고난들은 그동안 많은 여성들이 사회진출 시 겪어왔던 성별에 의한 제한과 차별을 보여주는 듯합니다. 쥬디는 단지 그녀가 토끼라는 이유만으로 경찰학교를 수석으로 졸업했음에도 불구하고 다른 경찰들과는 달리 주차딱지를 떼는 일을 맡게 되고, 심지어 그녀의 부모님은 그걸 보고 위험한 일을 맡지 않게 되어 다행이라며 안도하기까지 합니다. 교활하고 사기에 능한 여우 닉은 편견의 피해자입니다. 그가 유년시절부터 겪었던 여우에 대한 사람들의 편견은 결국은 그를 그 편견에 걸맞는 인물로 성장하게 합니다. 이는 일부 인종들이 겪는 차별과 편견, 그리고 분노한 그들이 일으키는 여러 범죄들을 떠올리게 합니다.

"그날 두 가지를 깨달았어.
첫째, 상처받은 걸 절대 남에게 보이지 말자.
둘째, 세상이 여우를 믿지 못할 교활한 짐승으로 본다면
굳이 다르게 보이려고 애쓰지 말자."

_여우 '닉'의 대사

그리고 애니메이션의 전반부는 차별에 저항하는 쥬디와 편견

우리는 절대 서로 닿지 못한다.

의 피해자인 닉이 사라진 동물들을 찾아가는 과정을 다룹니다. 그리고 그 과정에서 그들은 함께 고난을 이겨내고 서로의 입장을 이해하게 됩니다. 마침내 그들은 진실에 도달하게 됩니다. 사라진 동물들은 무슨 이유인지 주토피아 사회를 이루는 근간인 '본능의 억제'를 하지 못하게 되어 마치 야생동물과 같은 상태가 되었으며 그 자신도 육식동물에 해당되는 시장 '라이언하트'가 자신의 권력을 유지하기 위해 이러한 사실을 숨기고 있었던 것입니다. 결국 쥬디와 닉은 성공적으로 사건을 해결하고 무지와 야만성은 합리와 정의 앞에 무릎을 꿇는 전형적인 해피엔딩으로 끝나는 듯 했습니다.

그러나 인터뷰에서 쥬디가 실종된 동물들(공교롭게도 모두 육식동물)이 야생동물로 변한 이유를 육식동물의 유전적 경향에 의한 것이라 발언하며 이야기는 급속도로 입체성을 띄기 시작합니다. 사회의 갈등은 최고조에 이르고 이제 차별과 편견의 방향은 역으로 흐르기 시작합니다. 그동안 특유의 용맹함과 신체능력으로 사회적 기득권이었던 육식동물들은 한 순간에 두려운 범죄예비자가 되어 사회의 나머지 구성원들에게 경원시됩니다. 그리고 이제까지 사회의 차별과 편견 속에서 삭혀왔던 나머지 동물들의 분노가 그들에게 쏟아집니다. 사건은 해결되었으나 세상은 오히려 각박해지고 동물들은 서로를 증오와 의심의 눈초리로 바라봄니다. 쥬디에게 실망한 닉은 떠나버리고 쥬디도 책임감을 느끼고 경찰을 그만둡니다.

애니메이션 주토피아는 그동안의 디즈니 애니메이션과는 다르게 우리가 보고 싶지 않았던 사실을 우리에게 들이댑니다. 사실 우리는 편견과 차별의 희생자이기도 하지만 다른 누군가를 차별하고 소외시키는 가해자이기도 합니다. 아이는 이 세상의 모든 공격성이 타인에게서 온다고 생각합니다. 동화 속 '마녀'라든지 '용' 등의 환상이 바로 그것입니다. 그러나 점차 세상을 경험해 나가면서 위협의 원천이 나 자신에게도 존재한다는 것을 깨닫게 되고 죄책감을 느끼게 됩니다. 마치 자신이 마냥 편견의 희생자인 줄로만 알았다가 자신 또한 누군가에겐 무자비한 가해자였음을 깨닫고 '멘붕'한 쥬디처럼요. 그리고 인간의 불편한 자기 모순을 묘사하는 이러한 과정을 통해 애니메이션의 주토피아는 의인화된 동물들이 뛰어노는 동화 속 나라에서 우리 사회의 모순과 갈등이 반영된 생생한 현대 사회로 거듭납니다.

이후의 전개에서 담고 있는 담론은 만만찮습니다. 한 사람이 사회에서 살아가는 동안 행해진 반사회적인 행위들은 그 사람이 가진 특정 유전자의 생물학적인 특성인가? 아니면 우리 사회의 구조 때문인가? 만일 그 사람의 반사회적 행위가 그 사람의 생물

우리는 절대 서로 닿지 못한다.

학적인 특성이라면 그 사실은 사회적 혼란을 감수하더라도 공표되어야 하는가 아니면 은폐되어야 하는가? 바뀌어야 하는 것은 구성원인가 아니면 사회구조인가?

물론 애니메이션에서 이러한 문제에 대한 해답을 제시하지는 않습니다. 다만, 이후 동물들을 본능의 상태로 돌아가게 하는 원인을 찾는 닉과 쥬디의 모험을 통해 의견을 엿볼 수 있습니다. 주토피아에서는 모든 사람들에게는 많건 적건 타인에 대한 차별과 증오의 감정이 존재함을 표현합니다. 육식동물이든 초식동물이든 상관없이 공격적으로 만드는 열매인 '나이트 하울러'의 존재가 바로 그것입니다. 그리고 이 사회의 어딘가에는 자신들의 이득을 위해 사람들의 두려움을 선동하고, 때로는 사실을 조작하여 분열시키기를 원하는 사람이 존재함을 경고합니다.

편견과 차별의 가해자이자 또한 피해자인 쥬디가 또다른 가해자이자 피해자인 닉에게 하는 진심 어린 사과와 눈물이, 오직 자신만이 피해자라 생각하며 자신과 같은 또 다른 피해자를 만들어내 자신의 권력을 유지하고자 하는 부시장 '벨웨더'의 모습과 대비되며 영화는 우리에게 질문합니다. 우리가 추구해야 하는 세상이 타인의 아픔을 바라봄과 동시에 자신의 과오를 인정하고 진심으로 사과하는 세상이어야 할지, 아니면 끝까지 피해자로 남아 차별과 편견은 그대로 놔둔 채 권력의 주체와 공격의 방향만 끊임없이 바뀌는 세상이어야 할지를 말입니다.

애니메이션 '주토피아'의 결말은 불완전합니다. 세상을 바꾸기 위해서 자신의 내면을 바꿔야 한다는 결론은 너무나 식상할지도 모르고 그 자체가 또 다른 동화일지도 모릅니다. 쥬디가 바랬던 세상이 하늘에서 뚝 떨어지지는 않았습니다. 그러나 한 번의 실수와 반성을 통해 쥬디는 이상적인 세상을 위한 한 발자국을 뗄 수 있었습니다. 물론 쉽지 않은 일입니다. 차별과 편견을 주고받은 경험은 굉장한 상처가 됩니다. 그래서 타인의 아픔과 자신의 모순을 인정하는 것은 어떤 이들에게는 너무나 가혹한 일일지도 모릅니다. 그러나 동시에 나에게 가해졌던 편견과 차별이 피도 눈물도 없는 누군가의 악의가 아니라 나처럼 누군가의 편견에 아파했던, 그래서 세상을 의심과 두려움을 담아 바라보았던 누군가의 불완전하고 미숙한 실수였음을 인식한다면, 어쩌면 우리도 타인에 대한 두려움과 편견을 넘어 진정한 '조화'로 가는 단서를 발견할 수 있을지도 모릅니다.

"제가 어렸을 때, 저는 주토피아가 완벽한 곳이라고 생각했죠. 그러나 현실은 제가 상상하고 꿈꿔왔던 것과는 조금 달랐어요.

우리는 절대 서로 닿지 못한다.

우린 모두 단점이 있고, 우린 모두 실수를 해요.

하지만 긍정적으로 생각해 보면 우리에겐 공통점도 많아요.

서로가 서로를 이해하려고 하면 할수록, 우리들은 더욱 특별해질 겁니다.

그러나 노력해야 합니다. 당신이 어떤 종의 동물이든 말이죠.

노력하면, 보다 나은 세상을 만들 수 있어요. 자신의 내면을 들여다보세요.

그럼 알게 되겠죠. 변화의 시작은 당신이고, 바로 나라는 걸요.

정확히는 우리 모두죠."

_영화 〈주토피아〉 에필로그

독이 되는 인간은
원하는 말을 듣고 싶어 한다.

단지 세상의 끝, 2016, 자비에 돌란

당신의 마음은 어디에 있나요? 현대 의학의 상식을 가지고 있는 우리는 당연히 '머리', 또는 '뇌'라고 대답할 것입니다. 그러나 만일 우리에게 이러한 지식이 주어지지 않았다면, 우리는 마음의 존재를 어떻게 알고 느낄 수 있게 되나요? 우리는 심장의 존재를 가슴의 박동으로 느낍니다. 상한 음식을 먹고 배탈이 났을 때 우리는 위장관의 존재를 느끼게 되죠. 그러나 해부학과 뇌영상 기술이 발달하기 전에는 아리스토텔레스와 같은 위대한 철학자조차도 영혼과 마음은 심장에 존재한다고 믿었습니다.

우리는 우리 주변의 모든 것을 마음으로 느끼지만 그렇다고 우리가 늘 마음의 존재를 의식하며 살아가는 건 아닙니다. 우리

우리는 절대 서로 닿지 못한다.

가 누군가에게 통제할 수 없는 화를 느낄 때, 우리는 '아! 나의 마음이 화가 났구나!'라고 느끼지는 않습니다. 대신 우리를 화나게 만든 대상에 대하여 강렬한 분노를 쏟아부을 뿐이죠. 감정에 사로잡혔을 때보다는 한걸음 떨어져 스스로의 마음에 대하여 차분히 이야기해보거나, 글을 읽거나, 마음을 들여다볼 때 비로소 우리는 마음이 어떻게 느끼고 어떻게 움직이는지를 느낄 수 있습니다. 즉, 마음의 존재를 느낀다는 건 '현상'보다는 '행위'에 가깝습니다.

　자신의 감정을 언어로 표현하는 것은 자신의 마음을 느끼는 행위 중에서도 핵심이라 할 수 있습니다. 우리는 언어화를 통해 순간적인 자극이나 불꽃에 불과한 나의 정신활동들을 정리하고, 입으로 소리를 내는 선언과정을 통해 내 자신의 감정을 꺼내어 확인하고, 더 나아가 나의 마음을 타인도 이해할 수 있는 형태로 번역하여 전달하고, 공감받습니다. 그러나 모든 이의 감정이 언어화의 축복을 입는 것은 아닙니다. 어떤 문화권에서는 자신의 감정을 말로 표현하는 것이 웃어른에 대한 불경으로 취급 받습니다. 어떤 가정에서는 아이의 가치관이 단지 부모의 가르침이나 취향에 맞지 않는다는 이유로 아이가 학대를 당하기도 합니다. 어떤 나라에서는 특정 사상을 없애기 위해서 책을 없애버리고, 그 사상을 입에 담는 사람을 감옥에 가두기도 했죠.

"어린 아이한테 마음 그 딴 건 없어! 있다고 하더라도 필요하지 않아!
선생이 뭔데 내 아이가 내 뜻을 거스르고 자기 생각을 말하게 만든단 말이오!"

_환자의 아버지에게 실제로 들은 항의

결국 마음의 존재는 부정당합니다. 아이를 지금 압박하고, 생채기를 내고, 공포에 떨게 만드는 감정의 소용돌이들이 사실 존재하지 않는 것이고, 그러한 감정을 표현하는 것이 마치 대단한 죄나 있어서 해서는 안 되는 일처럼 취급 받습니다. 아이에게는 신이나 다름 없는 무자비한 양육자가 아이의 감성에 전혀 엉뚱한 이름을 입힙니다. 지금 힘든 것은 내가 모자란 사람인 탓, 지금 흘리는 눈물은 칠칠치 못한 수치스러운 행위, 내 마음속에 피어오르는 의문은 내가 나쁜 사람인 증거가 됩니다. 가장 여리고 부서지기 쉬운 시기의 아이의 영혼을 대가 삼아 아주 짧고, 불안정하고, 유치한 가정의 평온을 손에 넣습니다. 그리고 이 악순환적인 정신역동은 가족의 습관으로 굳어집니다. 아이의 감정은 가족의 평화를 위한 제물이 되어버리죠. 타인의 행복한 웃음 속에서 누군가의 마음은 죽어버립니다.

마음을 빼앗긴 사람은 어떻게 되나요? 영화 「단지 세상의 끝」

우리는 절대 서로 닿지 못한다.

은 마음을 빼앗긴 한 남자와 마음을 강요하는 한 가족에 대한 이야기입니다. 마음을 표현할 언어를 박탈당한 한 인간의 고독한 결말에 대한 이야기이기도 합니다. 12년이라는 긴 시간 동안 가족들과 연락을 끊고 타지에서 살아가던 프랑스의 유명 작가 루이는 어느 날 갑자기 시한부 선고를 받습니다. 자신에게 남은 시간이 길지 않음을 깨달은 그는 자신의 죽음을 알리기 위해 다시 가족에게로 향합니다. 이 영화는 죽음을 앞두고 12년 만에 가족들을 다시 찾아간 루이가 그들과 보낸 마지막 세 시간을 그립니다.

공유하지 못한 세월이 만들어낸 거리와 어색함은 불과 수 분 만에 사라지고, 가족들은 자신도 주체하지 못하는 자신의 감정들을 루이에게 쏟아냅니다. 여동생 쉬잔은 오빠에 대한 동경과 서운함 어딘가에서 헤매이고, 열등감이 심한 형 앙트완은 가족을 떠난 루이에 대한 반감과 혈육으로서의 동질감 사이에서 폭주합니다. 어머니의 짙은 화장과 호들갑은 공허함과 단절감을 더욱 두드러지게 합니다. 오직 처음 만난 형수 카트린만이 차분하게 루이와 가족들 사이를 중재합니다. 이 가운데에서 루이는 조용히 기다립니다. 자신의 죽음을 알릴 적절한 시기를요.

이 영화는 매우 불친절한 영화입니다. 루이가 가족들과 결별하게 된 이유가 무엇인지, 루이가 동성애자인 것이 가족관계에 어떤 영향을 끼쳤는지, 형인 앙투안이 왜 루이에게 열등감을 품고 있는지 그 어떠한 것도 정확히 설명해주지 않습니다. 다만 한 화면에 꽉 찬 배우의 얼굴이 쉴 새 없이 화면을 향해 말을 쏟아내는 모습이 숨 막힐 뿐입니다. 마치 영화 속 인물들이 나를 향해 투덜거리고, 강요하고, 불만족을 표현하는 그런 불쾌한 경험이죠. 그리고 이를 통해 우리는 루이가 가족을 떠날 수밖에 없었던 이유를 조금씩 짐작하게 됩니다.

가족들은 루이가 연락을 끊고 떠나간 이유가 무엇인지, 어떻게 살았는지, 그리고 이제 다시 돌아온 이유가 무엇인지 조금도 궁금해 하지 않습니다. 대신 이들은 루이의 감정에 끊임없이 자신의 감정을 덮어씌웁니다. 죽음을 눈앞에 둔 사람에게 감정적인 세금을 징수합니다. 보수적인 집안의 장남이 휘둘렀던 무자비한 권력의 피해자였던 차남에게 장남의 책임 또한 지라고 강요하죠. 흔적으로라도 느끼고 싶어 했던 젊은 시절 첫사랑은 마치 사랑이라는 감정 자체가 잘못된 것처럼 부정되고 비난받습니다. 그의 감정은 12년 전처럼 완벽하게 없는 것으로 취급됩니다.

"난 널 이해하지 못하겠어. 하지만 널 사랑해."

언어를 잃은 슬픔은 형태를 얻지 못합니다. 마음은 스스로에게 조차 공감받지도 위로받지도 못합니다. 방향을 잃은 슬픔은 조각으로 나뉘어 원시적인 형태로 마음 깊은 곳에 가라앉아 있다가 삶의 버거움에 지쳐 비틀거리는 순간마다 튀어나와 아프도록 몸을 찔러댑니다. 꺼내어보지도 못한 이 아픔은 정신의 것인지 육체의 것인지도 구분할 수 없고, 대개 고통으로 인정조차 받지 못합니다. 결국 가쁜 숨과 무력해진 몸을 주체하지 못하고 주저앉게 되죠.

아픔은 결코 통역되어 타인에게 전해지지 못하고, 나와 같이 아픔과 상실을 느끼고 있을 동료일 터인 타인의 감정 또한 결코 나에게 번역되어 전해지지 못합니다. 나의 아픔을 타인과 견주어보지 못하고 타인이 느끼는 절망 또한 가늠해볼 수 없게 됩니다. 결국, 말이 통하지 않는 외국 어느 거리에서 헤매는 이방인이 됩니다. 주변에 사람이 많을수록 사무치는 고독을 느끼게 됩니다. 혼자가 더 낫지요. 어차피 외로운 거 상처라도 덜 받고 싶으니까요.

길고 긴 프랑스식 식사의 막바지, 루이의 무거운 입이 열립니다. 하지만 그의 입에서 나온 것은 자신의 감정이 아니었습니다. 대신 그는 오늘 하루 가족들에게 받은 감정적 요구들을 기계적으로 쏟아냅니다. 그의 말은 자신의 감정에 언어를 입히는 표현 과정이 아니라 강요받은 감정을 되뇌인 것이자, 일종의 체념이었죠.

"또 올게요. 더 자주. 그리고 편지할게요. 더 자주. 두 세 단어 이상으로.

쉬잔, 시간 나면 한번 들려. 주말이든 주중이든 편히 있다가가.

형, 내가 다시 오거나 형이 놀러 오면… 와도 돼. 형은 그럴 '권리'가 있어."

그는 결국 자신의 죽음조차 전하지 못합니다. 곁에 있을수록 외로워지는 압도적인 고독. 곁에 있으면서도 결코 닿지 않는 마음의 거리. 한 많은 인생의 마무리를 앞두고 지금까지 몸부림치며 살아온 의미를 찾기 위해 돌아왔지만, 죽음마저 애도받지 못합니다. 마침내 마주한 가족과의 마지막 순간은 어떤 의미도 없는, 단지 세상의 끝이었죠.

오늘 당신의 하루는 어땠나요? 좋은 날이었나요? 만약 그렇지 않았다면 그건 무엇 때문이었고 얼마만큼 힘들었나요? 그건 오랜만에 새 옷을 입고 간 날 운 없게도 길바닥에 넘어져 옷을 망쳐버린 것과 같은 힘듦이었나요, 아니면 사랑하는 사람이 멀리 떠나는 것과 같은 힘듦이었나요? 당신의 의식에 이는 파도에 당신이 아는 단어로 이름을 붙인다면 그건 짜증이 되나요, 분노가 되나요, 슬픔이 되나요, 체념이 되나요? 그리고 그 화살표와 같은 단어들의 방향은 어디를 향하고 있나요? 무엇이 당신을 슬프게 하고, 무엇이 당신을 분노하게 하고, 무엇이 당신을 수치스럽게 하고, 무엇이 그럼에도 불구하고 당신을 기대하게 만드나요?

우리는 절대 서로 닿지 못한다.

똑같이 '사랑'이라 이름 붙여진 감정이라 하더라도 사실은 사람마다 전부 다른 감정을 이야기하고 있죠. 누군가에게 사랑은 상대방을 복종시키고 소유하려는 쇠사슬 같은 정복욕이고, 누군가에게 사랑은 잃어버린 한 순간을 평생 바라만 보고 있는 그리움이죠. 누군가에게는 한없이 굶주리는 어린 이에게 나의 몸을 뜯어서 먹이는 자애였고, 누군가에게 사랑은 한 여름날 둘이 바라보던 수천 광년 떨어진 밤하늘의 별빛이었습니다. 그렇기 때문에 상대방에게 언어를 허락하고, 상대방의 언어를 이해하기 위하여 기다리는 것은 사람이 사랑하는 사람에게 할 수 있는 가장 높은 수준의 사랑의 행위 중 하나가 됩니다. 인간은 이해할 수 없는 것을 결코 사랑할 수 없도록 설계되어 있기 때문입니다.

만약 당신의 마음이 지금까지 그 존재조차 인정받지 못하였다면, 이제 와서 갑자기 마음을 언어로 표현해 보는 일은 당신에게 무척 어렵고 곤란한 일이 될 것입니다. 처음부터 잘 되진 않을 거예요. 때로는 말 대신 비명이 먼저 나오기도 하죠. 하지만 여러 번의 착오와 연습을 통해 당신의 말은 점차 당신의 마음과 그 간격을 좁혀 나가기 시작할 것입니다. 마음이 말과 글을 통해 형태를 이루며 선명해지고, 당신은 당신의 마음이 진정으로 무엇을 원하고 어디를 향하고 있는지를 깨닫게 됩니다. 이를 통해 우리는 내 안의 괴로움과 세상 바깥으로부터의 위협을 구분합니다. 비로소 세상은 나를 벌주기 위한 어두컴컴한 형벌장에서 내가 살아내야만 하는 여행길로 바뀌기 시작합니다. 여러 갈래의 길이 있고, 얼마든지 선택할 수도 있는. 그리고 나의 괴로움은 전생의 업이나 하늘로부터 내려진 벌에서 벗어나 하나의 보편적 경험으로 바뀌어 세상 속에 녹아듭니다.

　나와 달리 감정 표현에 거침없는 타인에게 상처받고 잠 못 이루던 그날 밤에도 당신의 마음은 있었습니다. 당신에게 어떠한 언어도 허락되지 않았던 시절, 무엇에 아파하는지도 모르고, 단지 조용히 웅크리고 견딜 수밖에 없었던 그 시절에도 마음은 그곳에 있었습니다. 스스로조차 인지하지 못했다고 하더라도 마음은 당신과 함께 태어나서 이미 그곳에 존재했습니다. 그리고 뒤늦게 되찾은 당신만의 언어를 통해 마음은 그 형태를 이루고, 남들이 준 옷을 입고 타인들을 만족시키기 위해 일하던 당신의 마음이 생애 처음으로 당신을 위해 움직이기 시작합니다.

"감정은 결코 없앨 수 없어요.
없어지는 대신 어딘가 모르는 곳에서 헤매고 있지요.
마치 내 앞으로 보낸 누군가의 편지가
수십 년이 흐르고 나서야 도착한 것처럼.
이것이 진짜 슬픔이고… 이것이 진짜 행복이었습니다."

_우라사와 나오키, 〈몬스터〉 중에서

우리는 절대 서로 닿지 못한다.

마음과 마음이 닿아도
끝내 이해할 수 없는 영역

늑대아이, 2012, 호소다 마모루

생후 24개월가량 된 아이를 돌보고 있는 젊은 아이 엄마가 진료실 문을 두드립니다. 언제부턴가 그녀는 자신의 아이에게 두려움을 느낀다고 호소했습니다. 아이가 자신이 애써 준비한 밥을 먹으려 하지 않는 것도, 지친 몸을 잠시 쉬려고 할 때 여지없이 울음을 터뜨리며 보채는 것도, 전부 자신을 일부러 괴롭히려고 하는 것처럼 느껴진다는 것이죠. 육아로 지친 아이 어머니가 피곤에 절어서 하는 엉뚱한 생각으로 간주하기에는 그녀는 너무나도 확신에 차 있었고, 그녀의 정신은 망상delusion과 사고idea 사이에서 아슬아슬한 줄타기를 하는 것처럼 보였습니다.

남자친구를 만나 행복한 연애를 하던 중 예상치 못하게 아이가 찾아오게 되었고, 새 생명의 탄생에 기뻐할 겨를도 없이 쫓기듯 그녀는 엄마가 되었다고 합니다. 뚜렷한 자신만의 주관을 가지고 넓은 세상의 많은 사람들과 자유롭게 소통하던 그녀의 정신은 자신의 소망과 자유의지를 뒤로 한 채 좁은 아파트에서 아이 단 한 명의 욕구에만 반응해주는 기계가 됩니다. 아직 충분히 정신이 발달되지 않은 아이와 자기 자신의 욕구를 우선하지 못하는 엄마. 희미한 두 사람의 정신과 욕구의 경계. 이 둘은 아직 어디까지가 자신의 마음이고 어디까지가 서로의 마음인지 구분하지 못합니다.

"내가 사랑한 사람은 늑대인간이었습니다."

부모님 없이 홀로 살아가며 아르바이트로 학비와 생계를 충당하던 도쿄 어느 대학의 학생 '하나'는 우연히 자신의 학교 수업을 도강하던 '청년'을 만나 사랑에 빠집니다. 그 청년은 보통 인간이 아니라 인간과 늑대를 오가는 늑대인간이었고, 이 비밀 때문에 남들과 섞이지 않고 조용히 살아가고 있었습니다. 둘은 서로를 깊이 사랑하여 딸 '유키'와 아들 '아메'를 가지게 됩니다.

두 아이의 아버지가 된 청년은 어느 날, 늑대의 본능으로 인한 사고로 허망하게 세상을 떠나게 되었고, 혼자 남은 하나는 두 아이를 키우며 살아가게 됩니다. 아버지의 특성을 이어받은 아이들은 자라면서 점차 늑대의 모습을 보이게 되고, 반은 늑대이자 반은 인간인 자신의 아이들이 도시에서는 살아가기 어렵다고 판단한 하나는 조용한 산골마을로 들어가서 살게 됩니다. 하나는 억척스러운 생활력으로 폐가나 다름없는 집을 수리하고 밭을 개간해가며 두 아이를 기릅니다.

이 애니메이션은 '늑대인간'이라는 판타지적 소재를 차용하였지만, 상당히 많은 부분에서 현실 육아의 모습을 묘사하고 있습니다. 잠을 못 자고 수유를 하는 엄마의 모습, 아이가 음식을 잘못 먹고 배탈이 났을 때 아이를 안고 한밤중에 병원으로 달려가는 모습, 아이의 행동을 이해하지 못했을 때 느끼는 당혹감의 묘사는 이 영화의 눈높이가 판타지가 아니라 현실의 모습을 지향하고 있음을 보여줍니다.

영화는 하나가 자신의 아이들을 데리고 시골에서 적응하며 성장해나가는 모습을 다루는 전반부와 늑대 아이인 '유키'와 '아메'가 각각 한 명은 인간으로, 한 명은 늑대의 길을 택하여 독립해나가는 후반부로 나뉘어집니다. 전반부의 하나는 엄마로서 아이들의 욕구에 적극적으로 반응해주려고 노력합니다. 겁이 많은 엄마바라기 아메는 겁이 날 때마다 진정하기 위해 엄마에게 괜찮다고 말해달라고 합니다. 마음이 완성되지 않은 아이는 스스로를 안심시키기 위해 엄마의 마음을 빌려 쓰곤 하죠.

엄마와 두 명의 아이들이 눈 덮인 산을 뛰어다니는 시퀀스는 전반부의 하이라이트이자 한 마음으로 살아가는 세 가족의 모습을 보여줍니다. 아직 완성되지 않은 하얀 도화지와 같은 설원을 한 명의 인간과 두 명의 늑대 아이가 달려 나갑니다. 인간이 눈 위를 늑대처럼 뛰어다니고 늑대는 인간과 함께 눈 위를 미끄러져 내려가다가 이윽고 눈 위에서 한 덩어리가 되어 신나게 울부짖습니다. 이 순간, 가족의 마음은 분명히 하나가 되었습니다.

그러나 엄마인 하나에게 두 번째 시련이 찾아옵니다. 개방적이고 적극적인 유키는 인간의 학교에 가고 싶어 합니다. 늑대의 모습으로 산에서 뛰어 놀던 유키는 이제 엄마가 만들어준 예쁜 원피스를 입고, 남자아이의 시선을 신경 쓰는 인간으로 살아가고자 합니다. 이와 반대로 내성적인 아메는 인간의 학교에 정을 붙이지 못하고 늑대의 시선으로 보는 대자연에 매료됩니다. 산의 터줏대감인 여우를 스승으로 모시게 된 아메는 점차 늑대의 모습으로 지내는 시간이 늘어납니다. 본디 한 길을 가던 세 가족은 이제 세 갈래 길에서 각자의 길을 걷기 시작합니다.

엄마인 하나는 이 가운데에서 고뇌합니다. 왜 같은 아버지와 어머니 사이에서 낳은 아이들이 한 명은 인간이 되고, 한 명은 늑대가 되는지 인간인 하나는 알 길이 없습니다. 늑대의 특성으로 인해 사랑하는 남편을 잃은 경험이 있는 하나는 아들인 아메에게서 보이는 늑대의 특성이 도무지 안심이 되지 않습니다. 그녀는 아메 또한 인간의 길을 가기를 원합니다. 자식과 자신의 마음

우리는 절대 서로 닿지 못한다.

이 한 덩어리로 공생하는 어머니에게 있어서 사랑은 그러한 것입니다. 자신이 원하는 것을 상대방도 원하고 있다고 착각하고, 자신의 마음속에 있는 두려움이 사랑하는 대상의 마음속에도 있다고 믿는, 이 시기의 사랑은 나의 마음을 상대방의 마음에서 찾게 되는 그런 것이죠.

"얘는 늑대아이인데, 아빠 늑대는 죽었어요.
나는 엄마인데 늑대 아이를 기르는 법을 몰라요.
당신은 어떻게 어른 늑대가 되었죠?"

아직 인간의 신경계가 충분히 성숙하지 못하여 독립된 정신을 가지기 이전인 유아기. 아이가 자신의 존재를 느끼고, 한 명의 독립적 인간으로 자라나는 이 시기를 프로이트를 비롯한 많은 정신분석가들은 주목하였습니다. 하지만 정신적으로, 육체적으로 자신과 한 몸이었던 아이의 독립을 배웅하는 엄마의 마음에 주목한 시선은 의외로 그리 많지 않았습니다. 하나였던 두 사람이 서로 분화되는 이 거대한 사건에서 엄마의 마음이 충격과 변화를 겪지 않을 리 없지요. 이 시기는 엄마에게 있어서도 시련과 성장의 시기입니다.

영화의 후반부에 이르면 엄마인 하나는 성장하며 발현되는 아들의 늑대성에 대하여, 인간여자가 되어가는 유키는 자신이 짝

사랑하는 소년 앞에서 발현되는 자신의 늑대성에 대해 고민하게 됩니다. 그리고 우리는 현실의 육아와 연애를 반영한 이 애니메이션에서 왜 '늑대인간'이라는 판타지적 소재가 필요했는지 알게 됩니다. 다른 이의 마음이란 생김새를 찬찬히 관찰하는 것이 아니라 발현되는 그 순간만을 느끼는 것이기에 우리는 이 세상에 나와 똑같은 마음이라는 것은 없다는 아주 당연한 사실을 쉽게 잊습니다. 어떠한 현명한 사람이라도 타인의 마음을 전부 이해하고 받아들일 수는 없습니다. 설령 한때 자식과 한 몸이었던 엄마라 하더라도 자식이 태어나버린 이상 자식의 모든 것을 이해하고 받아들이기 어렵죠.

하나는 결국 남편을 보내는 그날까지도 남편 안의 늑대성을 이해하지 못했고, 이전보다 훨씬 엄마로써 성숙해진 현재에 이르러서도 아들에게서 보이는 늑대성을 끝내 이해하지 못합니다. 유키는 자신의 안에 존재하는 늑대성을 사랑하는 사람에게 이해받지 못할까 봐 두려워합니다. 결국 늑대는 마음이 타인의 마음과 접촉할 때 불가피하게 존재할 수밖에 없는 끝내 이해할 수 없는 어떤 영역을 의미합니다. 결국 우리의 모든 사랑은 '늑대인간과의 사랑'입니다.

이 이야기는 상대방의 마음이 내 마음과는 다르다는 것을 인식하면서 상처받고, 그럼에도 불구하고 자신과 상대방에 대한 사랑 모두를 잃지 않는 그러한 이야기입니다. 다른 이야기들이 무

우리는 절대 서로 닿지 못한다.

한대의 사랑, 희생해주는 사랑과 같은 관념의 사랑을 이야기할 때 애니메이션 '늑대아이'는 홀로서는 사랑, 어른이 되어가는 현실의 사랑에 대해서 이야기합니다. 늑대인간이라는 판타지적인 소재가 역으로 이 이야기의 사랑을 지극히 현실적이고 인간적으로 만들어주고 있죠.

대상관계이론의 창시자이자 소아정신분석에 지대한 영향을 미친 영국의 정신분석가 멜라니 클라인은 인간은 때때로 자기 마음의 일부를 타인의 것과 구분하지 못한다고 이야기 합니다. 삶의 특정 시기나 병적인 상태를 겪고 있을 때 사람은 내 안의 불안과 공격성은 전부 타인이나 외부에 있다고 생각하게 되지요. 즉, 이 시기에 상대방이 가진 내가 받아들일 수 없는 요소는 '악'이나 '학대'로 받아들여집니다. 하나가 아이들에게 선택권을 주고 싶다 하더라도 늑대의 삶을 이해하지 못하는 인간인 하나의 눈에는 아이가 늑대가 되어간다는 것은 무언가 잘못 되어가는 것, 또는 자신의 사랑이 부족한 탓으로 여겨집니다. 아이가 늑대가 되면 자신은 더 이상 아이와 지금처럼 사랑하는 관계를 맺지 못할 것으로 생각하고 두려워합니다.

그러나 점차 발달이 진행됨에 따라 인간의 사랑은 성숙해지고 불가피함을 받아들이기 시작합니다. 내 안에 존재하는 부정적인 감정과 타인에게 반드시 존재하는 내가 어찌할 수 없는 부분을 느낍니다. 즉, 나의 마음이 상대방의 마음과 분리되었기에 나타나는 '다름'과 그에 따른 '슬픔'을 극복해나가기 시작하는 것이죠. 점차 늑대는 내가 사랑하는 사람의 제거해야만 하는 나쁜 모습에서 그 사람의 소중한 일부가 됩니다. 이렇게 사람은 다름을 극복해나가고 상대방에 대한 사랑을 잃지 않게 됩니다.

"이제 떠나려는 거니?
난 아직 해준 게 아무것도 없는데"

폭우가 내리던 어느 여름날, 늑대의 길을 택한 아메는 늑대의 본능대로 자신의 영역인 산을 지키러 떠납니다. 이를 두고 볼 수 없었던 하나는 아메를 찾아 산을 떠돌다가 결국 기절해버립니다. 폭우로 인해 학교에서 소년과 함께 엄마를 기다리던 유키는 그동안 가족들만이 알았던 자신의 비밀을 소년과 공유합니다. 이날은 한때 하나였던 세 개의 마음이 각자의 길을 떠나는 날이었지요. 유키는 어머니와 동생 외의 상대에게 처음으로 자신의 늑대의 모습에 대하여 털어놓고 소년은 유키의 비밀을 받아들입니다. 그녀는 가족 외의 동반자를 손에 넣습니다.

기절했다가 깨어난 하나의 눈에는 늑대의 모습을 한 아들의 모습이 비칩니다. 아메는 잠시 망설이다가 산으로 사라집니다. 떠나는 아들을 향해 오열하다가 고개를 떨군 하나의 머리 위로 늑대의 울음소리가 들려옵니다. 비가 그친 구름 사이로 다시 해

우리는 절대 서로 닿지 못한다.

가 떠오르고, 어느새 어른 늑대가 되어 찬란한 햇볕을 받으며 울부짖는 아메의 모습은, 마치 이것이 자신이 원래 있어야 할 자리라고 강변하는 강렬한 자기주장과도 같았습니다. 그 아름답고도 단호한 광경에 하나의 얼굴에 미소가 돌아옵니다. 드디어 그녀는 오랜 마음고생을 끝내고 아들의 모습을 받아들입니다. 변한 건 아들이 모습이 아니라 그녀의 마음인지도 모르지요.

몇 주가 지난 뒤 진료실에서 다시 만난 아이엄마는 이전보다 훨씬 편안한 모습이었습니다. 그녀는 말합니다. 두려웠다고요. 아이가 두려운 게 아니라, 아이를 기르면서 나에게 자라나는 분노와 도망가고 싶은 마음, 아이를 미워하는 마음, 자신이 지식으로 알고 있었던 엄마의 자애로운 모습과 너무나도 다른 자신의 그 마음이 너무나 두려웠다고 합니다. 하지만 다른 엄마들과 이야기 하면서, 점차 깨달았다고 합니다. 그 마음은 모든 엄마들에게 있는 아주 보편적인 '인간의 마음'이라는 것을 말이죠. 두 돌 된 아이가 설마 엄마를 일부러 골탕 먹일 리가 있겠냐면서 겸연쩍게 웃는 그녀도 어쩌면 집에서 '늑대아이'를 키우고 있는지도 모르지요.

두 아이를 떠나보낸 하나는 아직도 그 산골마을에서 조용히 살아갑니다. 인간이 되어 도시에 있는 중학교에 진학한 딸 유키

는 편지로 자신의 소식을 보내오고 늑대가 되어 산에 들어간 아
메는 늑대울음소리로 자신의 소식을 전합니다. 하나는 두 아이를
키운 12년의 세월을 돌아보고는 마치 동화 속 이야기처럼 찰나
와도 같았다고 환하게 웃습니다. 그녀의 아들과 딸들은 그 이름
대로 한 명은 눈이 되어 엄마를 포근하게 감싸 안고, 한 명은 비
가 되어 엄마를 적셔줍니다. 눈과 비는 비록 우리 곁에 영원히 있
지 못하고 언젠가는 원래 그들이 있어야 할 자리로 떠나버리지
만, 그들이 지나간 자리인 엄마의 가슴에는 그 이름대로 아주 예
쁜 꽃이 피어납니다.

우리는 절대 서로 닿지 못한다.

4부

노력해도 되돌릴 수 없는 것들이 있다.

식어가는 감정을 막으려 몸부림치지 말 것

네가 나를
떠난 건 옳았다.

500일의 썸머, 2009, 마크 웹

이 남자, 뉴 저지주 출신인 톰 핸슨은 자신이 '특별한 누군가'를 만나기 전까지 절대 행복해질 수 없다고 믿으며 자랐다. 이런 믿음은 슬픈 영국 팝을 일찍 접한 것과 영화 "졸업"을 완전히 잘못 이해한 것에서 비롯되었다.

이 여자, 미시건 주 출신인 썸머 핀은 그와 같은 믿음을 가지고 있지 않다. 부모님의 결혼이 파탄으로 끝난 후 그녀는 오직 두 가지만을 사랑했다. 첫 번째는 그녀의 겁고 긴 머리카락, 둘째는 그것을 아무 고통 없이 잘라낼 수 있다는 점이다.

톰은 썸머를 1월 8일에 만난다. 그는 그녀를 보자마자 그녀가
자신이 찾던 사람임을 알아차린다.

_영화 〈500일의 썸머〉 프롤로그

끝나버린 연애의 기억은 언제나 마음이 아픕니다. 봄날과 같은
첫 만남의 순간도, 함께 사랑을 키워가던 눈부신 여름과 같은 나
날들도 사라져버리고 겨울의 황량함과 쓸쓸함만이 남습니다. 그
러나 사랑의 기억에는 기쁨과 슬픔 같은 강렬하고 단순한 감정
이상의 것이 있습니다. 떠나간 연인에 대한 원망과, 도저히 이해
할 수 없었던 상대방의 행동에 대한 의구심과, 어른스럽지 못했
던 자신의 미성숙에 대한 부끄러움이 한데 뒤섞여, 우리는 얼굴
을 붉히며, 화를 내며, 궁금해 하며, 아주 가끔은 술기운을 빌어
다음날 후회할 것이 분명한 문자나 통화를 하기도 합니다.

「500일의 썸머」는 누구나 한 번 정도는 겪었을 법한 실패한 사
랑에 대한 영화입니다. 이 영화는 시점 면에서 매우 특이한 형식
을 취하고 있습니다. 일반적으로 로맨스 영화는 전지적 시점으
로 시작됩니다. 대부분의 경우 영화는 관객에게 남자주인공과 여
자주인공이 서로가 없는 곳에서 무슨 일이 있었는지, 그들이 서
로에게 무슨 생각을 하는지 정보를 전달해가며 이야기를 진행해
나갑니다. 그럼으로써 영화는 남녀 주인공의 순간순간의 감정선

과 전체적인 서사를 극적이고 설득력 있게 전달하게 됩니다. 반면, 「500일의 썸머」는 철저히 남자 주인공인 톰의 시점으로만 진행됩니다. 주인공 톰도 영화를 보는 관객인 우리도 썸머가 무슨 생각을 하는지, 왜 저렇게 반응하고 변해가는 지에 대하여 알지 못합니다. 그래서 영화를 보는 내내 우리는 톰처럼 답답해하고, 화를 내고, 겁을 먹게 됩니다.

「500일의 썸머」는 서사의 전개 면에서도 매우 독특한 구성을 취하고 있습니다. 영화는 첫 장면에서 488일째 두 사람이 벤치에서 손을 포개고 있는 장면을 보여주다가 1일째로 돌아가 두 사람의 첫 만남의 순간을 보여주는 듯하더니 290일째 실연으로 힘들어하는 톰의 모습을 보여줍니다. 이러한 시간을 뛰어넘는 전개는 이 영화가 '기억'에 대한 영화임을 시사합니다. 시간은 과거에서 미래로 연속적으로 흘러가지만 기억은 언제나 불연속적이며 감정으로 덧칠되어 있습니다. 우리 기억의 구성은 감정의 변화와 밀접하게 연관되어 있어 강렬한 감정이 동반된 순간은 매우 쉽게 기억이 되고, 현재 느끼고 있는 강렬한 감정이 특정 기억을 불러일으키기도 합니다. 어떤 과학자들은 이를 감정적 기억emotional memory이라고 부르기도 합니다. 사랑의 기억 때문에 괴로워하는 톰의 정신세계 안에서 썸머는 자신을 버리고 간 악마가 되기도 하고 때로는 너무나 사랑스러운 천사가 되기도 합니다.

154일째

"썸머를 사랑해. 그녀의 미소를 사랑해. 그녀의 머리칼이나 그녀의 무릎도 사랑해. 목에 있는 하트 모양 점도 좋아하고. 가끔 말하기 전에 입술을 핥는 것도 사랑스러워. 그녀의 웃음소리도 좋고 그녀의 자는 모습도 좋아."

322일째

"나는 썸머가 싫어. 그녀의 삐뚤삐뚤한 치아도 싫고 60년대 헤어스타일도 싫고 울퉁불퉁한 무릎도 싫어. 목에 있는 바퀴벌레 모양 얼룩도 싫어. 말하기 전에 혀를 차는 것도 싫어."

영화 제목은 「500일의 썸머」인데, 둘의 사랑은 290일째에 끝나버렸습니다. 영화 속 500일이라는 기간은 두 사람이 함께한 기간이 아니고 톰의 마음을 썸머가 차지했던 기간이기 때문입니다. 썸머는 1일째에 톰의 마음으로 들어와 31일째 그의 마음을 빼앗았으며, 290일째 이별을 고함으로써 그의 마음을 찢어놓았다가 500일째 그의 마음속에서 사라집니다.

무려 500일이나 톰의 마음을 차지했던 썸머는 어떤 여자였을까요? 톰이 보는 그녀의 행동은 모순투성이었고 그래서 톰도 우

노력해도 되돌릴 수 없는 것들이 있다.

리도 스트레스를 받습니다. 그녀는 사랑을 믿지 않는다면서도 먼저 톰에게 키스를 하였으며, 톰을 집으로 초대했으면서도 둘의 관계를 친구라고 부릅니다. 직장동료의 결혼식장에서 다시 만난 그녀는 스스럼없이 톰에게 몸을 기대고 춤을 추며 그를 파티에 초대하나, 그 파티에서 보게 된 썸머의 약지에는 약혼반지가 끼워져 있었습니다. 톰과의 만남을 통해 사랑을 믿게 된 그녀가 다른 사람과 그 사랑을 완성한 아이러니는 톰과 관객의 마음을 후벼팝니다.

톰의 태도에도 모순은 존재합니다. 운명적인 사랑을 갈구하던 그였으나 톰은 언제나 사랑에 수동적이었습니다. 처음으로 말을 건 것도, 연인으로서의 둘의 관계를 시작한 것도, 싸우고 나서 다시 손을 내민 것도 언제나 그가 아닌 썸머였습니다. 썸머에게 둘 사이의 관계를 끈질기게 규정짓기를 강요하던 톰은, 정작 자신이 그 관계를 규정할 생각은 하지 못하였습니다. 자신과의 관계를 진전시키지 않는 썸머를 원망하면서도 그녀의 모순적인 태도 뒤에 숨겨져 있는 아픔과 불안은 보지 못하였습니다. 썸머가 스스로를 투영하던 그룹 비틀즈의 가장 인기 없는 멤버인 '링고스타'를 비웃고, 자기를 위한 경솔한 행동을 마치 두 사람을 위한 행동인 것처럼 포장했던 톰을 그녀는 더 이상 견디지 못하고 떠나버립니다. 그녀가 떠나간 후에도 톰은 썸머의 기분은 아랑곳하지 않고 그녀에게 버림받은 자신만을 동정하며 몸부림칩니다. 결국 톰이 사랑을 하면서 떠올렸던 축하 문구는 공허하게 허공으로 흩어지고, 실제가 아닌 스케치로만 존재했던 톰의 건물들은 거짓 말처럼 무너져 내립니다.

독일계 미국인 정신분석학자이자 사회심리학자인 에리히 프롬은 그의 저서 『사랑의 기술』에서 버림받은 감정, 학대의 감정, 죽음에 대한 불안 등과 같은 실존적 문제를 극복하기 위해 어떻게 자신의 개체를 초월해서 타인과 결합하는가가 모든 시대 모든 인간의 삶의 화두라고 말했습니다. 그리고 사랑은 한 대상과의 관계가 아니라 한 개인이 세계 전체와 어떻게 관계할지를 결정하는 태도라고 규정하였습니다. 결국 둘의 연애를 통해 영화가 우리에게 보여준 것은 두 사람의 사랑에 대한 가치관의 변화였습니다. 운명을 믿지 않았던 여자는 운명을 믿게 되었고 운명을 믿었던 남자는 운명을 믿지 않게 되었습니다. 결국 사랑의 실패가 두 사람에게 남긴 것은 바로 세상을 대하는 가치관의 변화였던 것입니다. 서로가 서로를 변화시키려다가 결국 자신이 변화하는 이런 과정을 우리는 '성장'이라고 부릅니다.

썸머를 잃고 폐인처럼 살던 톰은 어느 날 다시 일어나 건물을 그리기 시작합니다. 톰이 새롭게 그린 건물들은 예전에 썸머에게

노력해도 되돌릴 수 없는 것들이 있다.

그려줬던 동화같은 건물 그림과는 다르게 정교하고 현실감(원근감)이 넘칩니다. 에리히 프롬은 "사랑은 실패하고 거부당했을 때 진정한 가치가 확인된다"라고 말했지요. 톰은 이제 사랑을 하는 데 있어서 자신이 남을 대하는 태도가 얼마나 중요한지 알게 되었습니다. 너무 작아서 잘 보이지 않았던 저 작은 건물들은 실제로 작은 게 아니라 단지 자신이 멀리 있었던 것일지도 모릅니다. 같은 시간, 썸머는 사랑에 대한 불안과 공포를 떨쳐내고 웨딩드레스를 입으며 자신의 사랑을 완성시킬 준비에 나섭니다. 어느 날, 우연히 다시 만난 썸머와 톰은 서로에게 이야기 합니다.

'사실은 당신이 옳았어요. 틀렸던 것은 나였고요.'

새롭게 면접을 보러 간 회사에서 순서를 기다리는 동안 톰은 한 여자를 만나 끌리게 됩니다. 이번에는 자신이 먼저 그녀에게 다가갑니다. 그렇게 새로운 계절의 1일이 시작됩니다.

1년 중 대부분의 날들은 평범하다.
하루가 시작되고, 하루가 끝나고.
그 사이에 남겨지는 추억도 없이 대부분의 날들은
인생에서 별다른 영향을 주지 않는다.
5월 23일은 수요일이였다.

우연, 항상 일어나는 그것이다.

우연 그 이상 아무 의미도 없는.

톰은 마침내 기적이란 없다는 것을 깨달았다.

운명같은 것은 없다.

'필연적으로 이루어지는 것은 없다.'

그는 알았다. 그는 지금 그것을 확신했다.

_영화 〈500일의 썸머〉 에필로그

노력해도 되돌릴 수 없는 것들이 있다.

가장 화가 나는 건,
그런 놈을 사랑했던 내 자신?

이터널 선샤인, 2005, 미셸 공드리

그와 완전히 끝내고 나서 정신을 차릴 수가 없습니다. 그는 나에게 상처를 주고 나는 그의 마음을 찢어놓았습니다. 우리의 마지막 대화는 연인의 그것이라기보다는 어떻게 하면 효율적으로 상대방의 숨통을 끊을 수 있을지 호시탐탐 노리는 칼잡이의 칼부림에 가까웠습니다. 그는 내가 만난 사람 중 가장 비열하고 인정머리 없는 사람이었으며 나는 그가 만난 가장 속물적이고 잔소리 많은 사람이었습니다.

그와 함께 했던 공간들은 아무 의미도 없었으며 함께 나누었던 시간은 인생의 낭비에 불과했습니다. 하지만 가장 화가 나는 것은 그런 사랑을 했던 내 자신입니다. 이 연애는 내가 얼마만큼 형편없고 천박하고 이해심 없는 사람인지를 알게 해주었고 그 연애의 기억은 앞으로의 내 연애의 나쁜 결말을 암시하는 스포일러가 되어버렸습니다. 앞으로 누군가를 사랑할 자신이 없습니다. 사랑에 상처받은 나는 스스로에게 묻습니다.

'결국 우리는 서로를 증오하게 될 텐데 또다시 누군가를 사랑해도 될까요?'

여기 한 쌍의 연인이 있습니다. 얌전하고 과묵하고 수줍은 남자, 그리고 열정적이고 변덕스럽고 외로움 타는 여자. 둘은 운명처럼 서로에게 이끌리지만 어느덧 운명은 일상이, 일상은 권태로, 권태는 짜증으로 변해버립니다. 짜증으로 변한 사랑은 조그마한 균열에도 폭발해버리고 덮어둘 수 없을 정도로 서로를 난자합니다. 괴로워하던 여자는 그에 대한 기억을 지우기로 합니다. 자신에 대한 기억을 지우고 너무나 평화스러워 보이는 여자를 본 남자는 자신의 기억 또한 지우기로 합니다.

「이터널 선샤인」에 등장하는 기억을 지워주는 회사 라쿠나는 마치 우리 뇌에서 발견되는 오래된 조그마한 상처의 흔적인 열공경색lacunar infarction과도 같습니다. 기억을 지우고 남은 추억의 구

노력해도 되돌릴 수 없는 것들이 있다.

멍이 마치 손상된 뇌에 있는 수많은 작은 빈 공간을 연상케 합니다. 기억 지우기 서비스를 신청하고 잠든 남자에게 직원들이 찾아와 기억을 지우기 시작합니다. 이렇게 날 아프게 했던 당신이 사라지면 이 아픔도 사라질까요?

치매를 포함한 많은 기억장애를 일으키는 질환에서 공통적으로 나타나는 현상이 있습니다. 기억은 언제나 현재로부터 과거로 사라져간다는 점입니다. 예기치 않은 사고로 인해 한 번에 수십 년간의 기억이 사라지든, 아니면 치매를 앓든, 오래된 기억은 마지막까지 남게 됩니다. 마치 우리 가슴속에 남아 있는 첫사랑의 가슴 떨리지만 씁쓸했던 기억 같은 것 말이죠. 생의 마지막까지 남게 되는 오래된 기억, 인생의 마지막에 비로소 생생하게 겪게 되는 순수한 기억, 그것은 축복일까요 아니면 짓궂은 저주일까요?

영화 속 남자의 기억 또한 현재로부터 과거를 향해 지워져 갑니다. 서로가 서로를 향해 증오 섞인 말을 꺼냈던 그들의 마지막 순간이 지워지고 사랑이 안정되었을 때 무심코 내뱉은 무신경한 말들이 지워져 갑니다. 사랑의 기억이 지워지는 순간의 미묘한 시간차로 인해 남자는 서로의 권태가 뱉어낸 상처가 없는 순수한 사랑의 순간에 다시한번 도달합니다. 그리고 남자는 외칩니다.

"기억을 지우고 싶지 않아요! 나 이거 취소할래요!"

이 순간을 지우고 싶지 않았던 남자는 자신의 기억 속에 그녀의 기억을 숨기기로 합니다. 그녀의 기억을 숨기기에 가장 적합한 기억은 어디일까. 아무래도 가장 마지막까지 남을 것이 분명한 기억, 즉 어린 시절의 기억에 그녀를 숨깁니다. 어린 시절의 그는 너무나 바쁜 엄마의 사랑을 갈구하던 외롭고 초조했던 소년이었습니다. 자신의 어린 시절에 숨긴 그녀의 기억은 어머니의 사랑에 목말라하던 어린 그를 어루만집니다.

이번에는 그녀를 자신의 인생에 가장 창피했던 순간에 숨겨놓습니다. 자위를 하다가 어머니에게 들켰던 수치스러운 순간에, 자신의 남자다움을 증명하기 위해 죄 없는 어린 새를 죽여야만 했던 그 비겁한 순간에 말이죠. 수치스러운 기억 속에 숨겨놓은 여자의 기억은 약하고 어렸기에 그래서 비겁했던 그를 위로합니다.

우리 뇌의 '변연계'라고 불리는 부분에 '편도^{amygdala}'라는 기관이 있습니다. 두려움을 처리하는 중심기관입니다. 어린아이가 생존하기 위해서는 절대 다가가지 말아야 할 것, 즉 두려움을 아는 것이 필수이기 때문에 편도에는 우리가 두려워하는, 또는 두려워해야 할 것들이 생의 초기부터 일찌감치 입력됩니다. 인간은 사

노력해도 되돌릴 수 없는 것들이 있다.

회적 동물이기에, 사회에서 버림받지 않기 위해 느끼게 되는 가혹한 감정인 '수치심'도 이때 생성됩니다. 슬프게도 우리가 우리의 뇌를 조절할 수 있게 되기 훨씬 전부터 편도는 성숙하기 때문에 우리는 사람으로부터 버림받는다는 아주 조그마한 가능성만 느껴도 절망을 느끼고 공포에 질리게 됩니다.

편도의 바로 뒤쪽 인접한 부분에는 '해마hippocampus'라 불리는 사건 기억episodic memory의 형성과 관련되는 기관이 있습니다. 해마는 기억의 중추로써 우리가 경험한 사건 대부분이 해마에 저장되게 됩니다. 만일 이 부분이 완전히 손상된다면 우리는 우리가 경험한 모든 사건을 수초 내에 잊어버리게 됩니다. 해마의 성숙은 편도의 그것보다 훨씬 늦어 초기 성인기에 이를 때까지 성숙이 계속됩니다. 그리고 우리는 이 해마에서 새로 생성해내는 기억에 의해 어릴 적 우리에게 각인된 절망과 공포를 극복하게 됩니다.

즉, 편도는 우리가 생존에 필요한 공포를 느끼게 만들지만, 해마는 우리 삶의 경험을 통해 공포를 극복하게 합니다. 사람을 두려워하고 자기 자신을 창피해하던, 그래서 냉소적일 수밖에 없었던 남자가 여자를 만나 사람에 대한 새로운 기억과 믿음을 가지게 되고, 이를 통해 인생의 두려움을 극복하듯 말입니다.

서로에게 던졌던 그 모진 말들은 정말 서로를 향했던 게 맞나요? 우리는 완벽하지 않아요. 영화에 등장하는 두 남녀처럼요. 이들은 다른 로맨스 영화 속 남녀와는 달리 늘 완벽하게 예쁜 모습을 보여주지 않습니다. 오히려 현실 속의 우리들처럼 경솔하기도 하고, 이기적이기도 하죠. 그리고 각자만의 아픔과 열등감이 있습니다. 그래서 서로를 언제나 온전히 보듬어주지도 지켜주지도 못하죠. 그리고 자신들의 마음속에 숨어 있는 수치심과 공포에 압도되어 눈앞에 있는 가장 소중한 사람들에게 날 선 말들을 내뱉기도 하죠.

결국 그녀의 기억을 잃지 않으려는 남자의 슬픈 시도는 끝내 실패로 돌아가게 됩니다. 그리고 남자는 그가 처음으로 여자를 만나 사랑을 느꼈던 해변 속 외딴 집으로 돌아갑니다. 용기를 내지 못해 그녀와 함께하지 못했던 그 기억 속에서, 그리고 그 기억마저 무너져버리는 그때에 남자는 고백합니다. 자신이 항상 물에 빠진 아이처럼 겁에 질려 진심을 전하는 것을 두려워해왔음을요. 그리고 그녀의 기억은 작별인사를 나누는 마지막 순간까지도 그를 위로합니다.

그리고 현재 시점의 발렌타인데이, 둘은 운명같이 다시 만나 사랑에 빠집니다. 잔인하게도 둘은 자신들이 한때 연인이었음을,

노력해도 되돌릴 수 없는 것들이 있다.

그리고 서로가 서로에게 상처를 받고 기억 속에서 서로를 지웠음을 깨닫게 됩니다. 그들은 회사에서 보내온 테이프를 통해 한때 그들에게 벌어졌던, 그리고 앞으로 높은 확률로 그들의 앞에 벌어질 사랑의 비참한 결말에 대해서 미리 알게 됩니다. 둘은 두려움에 빠집니다. 그리고 사랑에 상처받은 나는 묻습니다.

'우리는 결국 서로를 증오하게 될 텐데 또다시 누군가를 사랑해도 될까요?'

사랑의 상처에 절망한 남자가 이 아픈 사랑의 기억 속에서 마지막까지 남기고 싶었던 것은 무엇이었을까요? 남자가 마지막까지 남기고 싶었던 기억은 그녀의 머리색을 닮은 오렌지 빛 이불에 둘러싸여 과거의 상처에 눈물을 흘리던 여자를 감싸 안던 그 순간이었습니다. 언제 깨질지 모르는, 그다지 든든하지 않게 언 강물 위에 둘이 누워 아주 멀리 떨어진 별자리를 함께 바라보던 그 순간이었습니다. 두려움이 많아 늘 단단한 갑옷을 둘렀던 그가 갑옷을 벗고 남에게 능동적으로 다가갔던 유일한 순간이었으며 언제 깨질지 모르는 감정 하나에 의지하여 둘이서 막연하기 짝이 없는 영원을 꿈꾸던 그 순간이었습니다. 영화는 이렇게 모든 연인이 사랑을 하며 한번은 도달했던 영원한 햇빛의 순간을 보여줍니다. 그래서 마지막 순간 남자는 용기를 내어 여자를 뒤

쫓아가 위로의 말을 건넵니다.

"괜찮아."

라고 말이죠.

영화는 비록 사랑의 결말이 아프다고 하더라도 사랑의 모든 순간이 상처는 아니라고 이야기합니다. 누군가와 사랑을 하면서 우리는 비록 영원하지는 않지만, 우리를 일평생 위협해왔던 혼자라는 공포에서 잠시나마 벗어납니다. 그리고 이 지극한 찰나의 행복한 기억이 나를 평생 얽매고 지배해왔던 수치심과 자기의심이라는 감정에서 벗어나게 합니다. 극히 짧은 순간이나마 우리는 아무 의심 없이 타인과 자신을 믿게 되죠. 비록 이것이 살얼음같이 위태롭더라도, 수천 광년 떨어진 밤하늘의 별처럼 막연하더라도 말이죠.

영화는 전합니다. 사랑의 결말만큼이나 중요한, 둘이 나누었던 교감과 위로의 가치를 말이죠. 그리고 비록 사랑이 서로에게 상처를 남기게 될지라도 그것은 우리가 형편없는 사람이라는 증명이 아니라 말합니다. 「이터널 선샤인」이 그리는 사랑이란 우리가 사람이기에 어쩔 수 없이 지닌 외로움과 고독을 극복하기 위한

노력해도 되돌릴 수 없는 것들이 있다.

끊임없는 시도 중 하나입니다.

왜냐하면 사랑은 완벽한 짝을 만나 영원한 결말을 이루는 것이 아니라 서로 불완전하기 짝이 없는 두 명이 만나 근거 없는 믿음과 신뢰로 서로를 보듬는 과정이니까요. 그리고 이 찰나의 기억은 영화의 원제목처럼 불완전한 우리를 비춰주는 티 없는 마음의 영원한 햇빛Eternal sunshine of the spotless mind이 될 것입니다. 다시 사랑하세요. 그리고 다시 상처받는다고 하더라도 당신과 당신의 사랑의 가치를 의심하지 마세요.

지워지지 않는 기억들이
보내는 시그널

러브레터, 1995, 이와이 슌지

이번에는 정말로 잊겠다고 다짐했는데, 뒤돌아보면 당신은 늘 그 자리에 있었습니다. 당신의 시간은 멈춰버렸고 나의 시간은 속절없이 흘러 이제 우리는 서로 다른 시간대를 살아가고 있건만, 내 마음 속 한 구석에는 여전히 당신의 부재를 인정하지 못하는 내가 있습니다. 과거만 보면서 살 수 없기에 오늘도 나는 하루를 살아내고 어떤 때는 며칠 동안 당신을 잊고 지내기도 하지만, 우연히 열어본 옷장 속의 당신의 향기 속에서 당신은 여전히 살아있고, 당신과 함께 있는 동안 물들어버린 나의 소소한 습관들이 나를 무너지게 합니다.

노력해도 되돌릴 수 없는 것들이 있다.

하지만 당신이 없는 오늘의 상실감은 당신과 함께했던 찬란한 나날의 그림자와도 같기에 나는 마치 담배를 끊지 못하는 사람처럼 아픈 기억을 끊지 못하고 때로는 당신을 잊고 지낸 나날들이 너무나 길다 싶을 때면 미안함도 느낍니다. 자물쇠 채워둔 창고에 오래 넣어두고 잊어버린 물건처럼, 당신과 나 사이의 모든 기억이 시간과 함께 모두 사라져버릴 운명이라면, 지금 내 아픔과 고뇌는 대체 무엇을 위한 걸까요? 당신을 지우기에도 간직하기에도 이렇게 아픈 줄 알았다면 애초에 당신을 만나지 않는 게 좋았을 거라고 생각도 해보지만, 나의 다짐과 상관없이 뒤돌아보면 기억은 늘 그 자리에 있었습니다.

2년 전 등산사고로 사랑하는 연인 이츠키를 잃은 히로코는 죽은 연인의 3주기에 참석합니다. 이제 그녀의 곁에는 새로 사랑하는 연인도 있지만 그녀의 마음은 여전히 죽은 이를 보내지 못합니다. 우연히 졸업앨범에서 찾은 이츠키의 옛 주소로 답장이 올 리 없는 편지를 보내보는 히로코였으나 그녀의 편지를 받게 된 것은 한때 그와 같은 반이었던 동명이인의 여성 이츠키였습니다. 죽은 연인의 추억 한 조각이라도 더 가지고 싶었던 히로코는 여자 이츠키에게 옛 연인의 추억을 나눠달라고 부탁합니다. 편지가 거듭되며 그녀는 누군가의 기억 속에서 살아있는 옛 연인의 기억에 행복해합니다. 그러나 동시에 그녀는 다른 사람의 기억 속에 살아있는 연인이 자신만의 것이 아니게 되어 어디론가 떠나 갈까 봐 불안해합니다.

 북쪽의 도시 오타루의 도서관 사서로 일하고 있는 여자 이츠키는 고등학교 시절 자신과 같은 이름의 남자 이츠키를 만나 서로 사랑했습니다. 하지만 서로의 마음은 끝내 닿지 않았고, 여자는 그것이 사랑인지도 몰랐습니다. 자신 안에 일렁이는 그 작은 물결의 의미를 알기에는 너무 어렸고, 그 시기에 그녀는 아버지마저 잃었기 때문입니다. 어린 그녀가 아버지의 죽음을 실감하게 된 얼음 속에 박제된 잠자리처럼, 수줍었던 그녀의 첫사랑은 기억의 저편에 잠들어 잊혀집니다.

 「러브레터」는 과거에서 보내진 기억에 관한 이야기입니다. 우리는 지금도 우리가 겪는 이 순간을 끊임없이 과거로 흘려보냅니다. 이 순간이 영원할 것처럼 강렬할지라도 기억은 조금씩 희미해지고 종래에는 단서가 없이는 떠올릴 수도 없을 만큼 작아져 마음 한 구석의 잔물결로만 남게 됩니다. 하지만 이 마음 한구석의 잔물결은 어떤 계기를 통해 한 번씩 강렬한 파도가 되어 나를 뒤흔들어놓습니다.

 오늘날 과학자들은 기억을 크게 외현기억explicit memory과 암묵기

노력해도 되돌릴 수 없는 것들이 있다.

억implicit memory으로 나눕니다. 외현기억은 우리가 겪었던 사건이나 언어화할 수 있는 지식 등의 의식적인 기억을 말합니다. 내현기억은 우리가 자동차를 운전하거나 과거에 나를 아프게 만들었던 사건을 떠올릴 때 받는 불쾌한 느낌 등의 비언어적인 학습양상을 말합니다. 연인과 함께 보냈던 순간의 기억이 외현기억이라면, 연인이 떠나버린 후에도 내게 남아있는 습관들은 암묵기억이라고 할 수 있습니다. 세월이 지나면서 외현기억은 흐릿해져 습관이나 느낌 등의 암묵기억으로만 남게 되지만 사소한 계기로 암묵기억은 생생한 외현기억으로 되살아나기도 합니다.

고등학교 때, 남자 이츠키의 기억은 여자 이츠키에게는 그다지 좋은 기억으로 남아있지 않았습니다. 소년 이츠키는 좋아한다는 말 대신 의미를 알 수 없는 행동으로 소녀를 대하기 일쑤였습니다. 같이 도서실 관리위원 일을 하면서도 일은 소녀에게 넘겨버리기 일쑤이고 소녀가 소년을 좋아하는 자신의 친구를 잘해보라고 소개시켜주자 다음날 종이봉투를 소녀의 얼굴에 씌워버립니다.

하지만 소녀가 친구들의 놀림에 눈물을 흘리자 온순하던 그는 친구들에게 달려들었고, 소녀와 조금이라도 함께 있고자 자전거 등을 불빛삼아 밤늦게까지 바뀌어버린 시험지를 맞춰봅니다. 소녀는 의미를 이해하지 못하면서도 눈으로는 그의 행동을 쫓고 있었고 그렇게 햇살 비치는 커튼을 배경삼아 그는 그녀의 마음에 들어옵니다. 다리를 다친 그가 엉터리같은 달리기로 육상대회를 망칠 때에도 그 모습에 일렁거리는 자신의 마음에 소녀는 고개를 돌려버립니다.

그리고 편지를 받은 히로코와 우리는 깨닫게 됩니다. 그의 불퉁거림이, 그의 답답할 만큼 수줍은 행동에 얼마나 많은 감정이 담겨져 있었는지를요. 그가 생명이 꺼져가는 마지막 순간에도 자신의 첫사랑인 소녀를 생각하고 있었다는 것도 말이죠. 같은 남자의 다른 시간을 사랑했던 두 여자가 주고받는 편지를 통해 이미 육체는 주고 의식할 수도 없을 만큼의 작은 물결인 암묵적 기억으로만 남아있던 남자 이츠키는 언어라는 육체를 얻어 외현기억으로서 되살아납니다.

영화는 기억을 과거로 돌려 보내주는 이야기이기도 합니다. 연인의 죽음을 받아들이지 못하는 히로코는 죽은 연인이 살아있는 것처럼 그에게 편지를 보내고 동사한 연인을 따라가려는 듯 눈위에 누워보기도 합니다. 도로가 된 연인의 옛 집터를 떠나지 못하고 망연하게 서 있는 그녀의 모습은 기억을 과거로 보내주지 못하는 그녀의 현재를 보여줍니다. 아버지를 병원에서 잃었던 여자 이츠키는 심한 감기에도 불구하고 병원에 가기를 싫어합니다.

노력해도 되돌릴 수 없는 것들이 있다.

병원에 갈 때마다 떠오르는 죽은 아버지의 창백한 얼굴과 병원에 가득찬 죽음의 냄새는 그녀가 그 시절의 기억을 떠올리는 것을 괴롭게 만듭니다.

이츠키를 보내주지 못하는 건 그를 사랑했던 두 여성뿐만이 아니었습니다. 아들을 잃은 어머니는 자식의 3주기에도 아들을 보내지 못합니다. 등산 중에 친구를 잃은 등산가는 차마 산속에 친구를 두고 올 수 없어 산에서 살아갑니다. 아들을 폐렴으로 잃은 여자 이츠키의 할아버지는 아들을 잃은 집을 떠나지 못하다가 이번엔 폐렴으로 쓰러진 손녀를 업고 눈 오는 밤을 하염없이 달립니다.

1937년 미국의 의사이자 신경해부학자인 제임스 파페즈[1883-1958]는 기억과 감정, 감각의 순환구조를 발견합니다. 그는 해마에 가해지는 특정 자극이 강렬한 감정반응을 유발한다는 것에 주목했습니다. 그는 기억을 담당하는 기관인 해마[hippocampus]에서 시각, 청각 등 후각을 제외한 모든 감각을 중계하는 시상[thalamus]을 거쳐 인지와 의식, 고통 등을 조절하는 대상회[cingulate gyrus]로 이어졌다가 다시 해마로 돌아오는 신경회로인 파페즈 회로[Papez circuit]를 통해, 기억이란 창고처럼 차곡차곡 쌓이는 단일구조가 아니라 현재의 시각, 청각 등의 감각자극과 감정, 언어가 끊임없이 서로 영역을 주고받는 순환적인 구조라는 것을 밝혀내었습니다.

때때로 사소한 감각에 자극받은 우리의 마음은 강렬했던 그 시절의 감정을 불러옵니다. 그리고 기억과 감정, 감각의 순환구조로 인해 어떤 기억은 우리에게 있어서 과거가 아니라 현재 그 자체가 됩니다. 과거는 단순한 과거가 아니라 현재의 내 행동의 원형이자 원리가 됩니다. 사랑하는 사람의 영향은 감정과 습관으로 여전히 내 곁에 있지만 현실적으로는 그가 더 이상 내 곁에 존재하지 않기에 이 감정과 현실의 낙차가 우리를 기쁘면서도 동시에 슬프게 만듭니다. 여자 이츠키가 남자 이츠키와의 그 모든 설레고 달콤했던 추억을 되찾을지라도 둘은 더 이상 만날 수 없기 때문에 우리는 이 영화를 보는 내내 따뜻하고 아련하지만, 동시에 마음 한편이 괴로운 느낌을 받게 됩니다. 잃어버린 사랑이 늘 그렇듯이요.

하지만 동시에 이는 우리가 기억을 통해 위로받고 구원받는 방식이기도 합니다. 과거의 기억과 함께 강렬하게 찾아오는 사랑의 감정은 우리에게 있어 언젠간 존재할 수밖에 없는 이별을 극복하게 합니다. 사랑했던 이와의 순간 때문에 우리는 사랑의 종말이라는 아픔을 딛고 새로운 사랑을 할 수 있게 됩니다. 히로코는 이츠키와의 편지를 통해 타인의 기억 속에 여전히 살아있는

노력해도 되돌릴 수 없는 것들이 있다.

연인의 모습을 보게 되고, 그의 죽음으로 인한 참담함만큼이나 찬란했던 연인과의 순간을 되찾습니다.

그의 육체는 사라졌지만, 그가 남겨준 행복한 기억은 나의 어딘가에 남아 살아가고 있기에 그녀는 결국 연인의 죽음을 받아들이고 현재를 살기로 합니다. 그녀는 연인이 최후를 맞이한 설산을 향해 마지막으로 연인에게 잘 지내고 있냐는 눈물 섞인 안부 인사를 합니다. 지금까지 마치 연인이 살아있는 것처럼 행동해왔던 그녀는 자신과 연인이 이제 서로 다른 세상에서 살아감을 인정하고 자신을 묶어왔던 기억을 과거로 보내줍니다.

이츠키는 히로코와의 편지를 통해 자신이 아버지를 잃었던 어두운 시절, 사랑을 담아 나를 바라봐주던 따뜻한 존재를 기억해냅니다. 아버지를 잃고 힘들어 하던 그녀의 십대 시절을 대표했던, 죽음의 냄새로 가득찼던 병원의 기억은 사랑하는 이와 엇갈리는 시선을 주고 받았던 아련한 도서실의 기억으로 대체됩니다. 그리고 그 따뜻하면서도 달콤한 기억은 과거 그녀가 사랑했던 그를 향해 비추던 봄날의 포근하면서도 따사로운 햇살마냥 그녀를 감싸 안습니다. 사경을 헤매다가 깨어난 그녀는 되살아닌 자신의 기억에게 잘 지내고 있었냐는 그리움 섞인 안부 인사를 전합니다.

결과적으로 영화 「러브레터」는 과거에서 보내진 기억을 현재에서 다시 쓰고, 다시 과거로 보내주는 이야기입니다. 프로이트가 생전의 연구에서 기억의 사후성^{Nachtraglichkeit}의 개념에 대하여 언급했듯이 기억은 서랍 속에 간직되어 먼지가 쌓여가는 옛날의 일기가 아니라 과거의 내가 현재의 나와 만나 대화를 주고받으며 끊임없이 쓰여지는 편지와도 같음을 보여줍니다. 때때로 늦어지고 지연되고 오해가 쌓일지 몰라도 기억은 필연적으로 현재에 도달하게 되어 현재의 우리와 함께 살아가게 되죠. 그리고 우리는 기억에 새로운 의미를 덧붙여 다시 과거로 보내줍니다.

사랑했던 이와 지금까지도 함께 했으면 얼마나 좋았을까요? 하지만 어떤 형태로든 모든 사랑에는 끝이 있게 마련이죠. 그러나 사랑했던 이와 함께 했던 나날들과 감정들은 나의 일부가 되어 지금도 가끔 나에게 편지를 보내곤 합니다. 그래서 우리는 과거와 싸우고, 과거에 아파하고, 과거를 오해하기도 하다가 가끔은 과거에 미처 알지 못했던 걸 깨닫기도 하고, 미처 알아차리지 못했던 나 자신에 아쉬워하다가 가만히 떠올리며 웃음짓고, 그 다음엔 고이 접어 마음 한구석에 넣어둡니다.

영화의 마지막, 먼 시간을 돌아 전달된 남자 이츠키의 편지에는 소녀의 초상화가 담겨있었습니다. 그것을 받아든 여자 이츠키

노력해도 되돌릴 수 없는 것들이 있다.

는 기쁨인지, 슬픔인지, 그리움인지, 아쉬움인지 모를 감정에 마음이 벅차오릅니다. 그녀는 어떤 표정을 지어야할 지 모르는 채로 그 편지를 주머니에 넣어두고자 하지만 그녀의 옷에는 주머니가 없습니다. 그렇게 기억은 시간을 넘어 다시 찾아옵니다.

후지이 이츠키님
이 편지에 담긴 추억은 당신 거예요.
그러니 당신이 가져야 해요.
지금까지 고마웠어요.

_영화 〈러브레터〉 중에서

시간의 방식,
공간의 방식

봄날은 간다, 2001, 허진호

순박한 청년 상우가 은수를 만난 것은 겨우내 내린 눈이 아직
채 녹지 않은 이른 봄, 강릉 터미널 대합실에서였다. 녹음기사
와 지방 방송국 PD로 만난 둘은 이내 가까워진다. 세상 다산 듯
허무한 표정을 하고 저만큼 멀리서 비척거리다가도 어느새 요
염한 표정으로 어깨를 부비는 고양이같은 은수에게 상우는 점
점 빠져들게 되고, 둘은 은수의 아파트에서 밤을 같이 보낸다.
따사로운 봄햇볕 아래에서 포옹하는 두 사람. 완벽한 봄날, 완
벽한 사랑이었다. 그 순간만큼은.

 김치 담는 이야기를 꺼내며 넌지시 둘이 함께 하는 미래를 그

노력해도 되돌릴 수 없는 것들이 있다.

리는 상우. 이혼의 아픔이 있는 은수는 그런 상우가 부담스럽다. 명확한 이유도 사건도 없이 둘 사이의 관계는 균열이 가기 시작하고 이를 받아들이지 못하는 상우는 혼란스러워 한다. 항상 상우가 차로 데려다 주던 은수는 어느새 자신이 직접 운전을 하고 그녀의 옆에는 모르는 남자가 자신의 자리를 채우고 있다. 상우는 화난 듯 체념한 듯 말한다.

"어떻게 사랑이 변하니?"

우리는 변하지 않는 어떤 절대적인 것에 대하여 가치를 부여합니다. 오래 전부터 이루어진 논제인 '소유'냐 '존재'냐의 질문에서도 인간은 언제나 '존재'의 손을 들어줍니다. 남녀 간의 사랑은 대표적인 존재의 불변성과 절대성의 상징입니다. 그래서인지 많은 영화들이 사랑에 대해 다루면서 '순간의 영원성'에 집중합니다. 설령 이루어지지 않은 사랑 이야기라 하더라도 영화는 결국 그 사랑의 순간이 남기고간 변함없는 추억에 대해서 다루는 경우가 많습니다. 1997년작 「타이타닉」은 그 대표격이라 할 수 있습니다. 수십 년 전 침몰한 배의 잔해에서 다이아몬드를 찾던 사람들이 다이아몬드 대신 두 남녀의 영원한 사랑 이야기를 발견하는 내용이죠.

반면 영화 「봄날은 간다」는 사랑의 상대성과 가변성에 대하여 다루는 영화입니다. 영화는 전반부의 봄볕 아래에서 이루어지는 따스하고 열정적인 사랑의 순간들만큼이나 사랑이 변해버리는 순간에 집중합니다. 영화의 제목이 암시하듯이 이 영화는 봄날의 따스함이 지나간 자리에 남은 싸늘함에 대해 말합니다. 소유하지 못하고 단지 존재하기만 했던 위태로운 감정의 쓰라림에 대한 이야기이기도 합니다. 대단한 서사적 위기도, 사건도 존재하지 않는 덧없는 시간의 흐름 속에서 사랑은 그저 손 틈새를 적시고 빠져나가버립니다.

영화에서 사랑을 나타내는 중요한 장치는 바로 '대비'입니다. 남자 주인공인 상우와 여자 주인공인 은수는 모든 면에서 대비되는 인물입니다. 상우는 서울에 살고 은수는 강릉에 삽니다. 상우는 가족과 친구, 직장 동료 등 많은 관계들로 둘러싸여 있습니다. 은수는 아무도 없는 아파트에서 혼자 라면을 먹습니다. 녹음 전문가인 상우의 일은 순간의 아름다움을 기록으로 남기는 것이고 방송국 PD인 은수의 직업은 기록된 아름다움을 세상으로 흘어 보내는 일입니다.

일전에 뇌경색으로 우측 두정엽에 손상을 입은 환자분을 진찰한 적이 있었습니다. 좌측 시력과 시야가 정상이었음에도 불구

노력해도 되돌릴 수 없는 것들이 있다.

하고 그 분은 좌측에 존재하는 모든 사물을 인지하지 못했습니다. 식판에 밥을 먹을 때에도 왼쪽에 있는 밥은 전혀 먹으려고 하지 않았죠. 그분은 자신의 왼쪽 팔과 다리 또한 자신의 것으로 인식하지 못하였습니다. 몸을 씻을 때도 그 부분은 씻으려고 하지 않았고 자신이 움직이고 있음에도 불구하고 마치 타인이 자신을 움직이는 것처럼 느꼈다고 합니다. 인상 깊었던 점은 그분은 그것을 그다지 불편해하지 않았다는 점입니다. 그의 신체에 대한 개념이 손상된 뇌와 함께 바뀌어버렸기 때문이죠.

공간을 지각하는 부위인 우측 두정엽은 우리 몸의 경계를 결정합니다. 이 부분이 손상되면 우리는 어디부터 어디까지가 '나'인지 판단하지 못하게 되죠. 종이에 베인 손이 아픈 이유는 내 손이 베였기 때문이고 연인이 아플 때 나도 괴로운 것은 그녀가 바로 내 연인이었기 때문이죠. '나의 무엇'은 단순히 내가 가진 무엇이 아니라 나 그 자체였습니다. 달라져 버린 뇌가 같은 공간에 대하여 서로 다른 인식을 보이는 것처럼 상우와 은수는 사랑에 대해서 상반된 인식을 보입니다.

상우의 사랑은 공간입니다.

그에게 있어서 사랑은 누군가의 무엇이 되어 하나의 테두리로 묶이는 것이었습니다. 그는 시간이 지남에 따라 사랑이 변화한다는 것을 이해하지 못합니다.

은수의 사랑은 시간이었습니다.

그녀에게 있어서 사랑이란 지금 두 사람이 함께 하는 순간을 말하는 거지 누구의 무엇이 되는 것이 아니었죠. 상우와의 관계를 묻는 누군가의 질문에 은수는 '그냥 아는 동생'이라고 답합니다. 그녀의 사랑에는 거리라는 개념이 없습니다. 그리고 사랑에 대한 두 사람의 개념의 차이가 두 사람의 사랑의 운명을 결정지었죠.

사랑이 끝난 후 남겨진 두 사람의 모습은 사랑의 형태를 보여주는 또 다른 장치입니다. 상우는 좌절에서 벗어나지 못하고 직장도 그만두고 폐인처럼 삽니다. 하염없이 은수를 기다리던 자판기 옆에는 버려진 녹음테이프들이 즐비합니다. 녹음테이프는 고정된 시간을 상징하는 도구이죠. 반면에 은수는 새 차를 사고 금방 또 자유롭게 다른 남자와 함께 여행을 갑니다. 그러다가도 훌쩍 다시 상우를 찾아와 보고 싶었다며 화분을 건네줍니다. 그녀에게 거리란 의미가 없죠. 사랑을 할 때는 그나마 비슷해 보였지만 사실 두 사람은 완전히 다른 사랑을 하고 있었습니다.

노력해도 되돌릴 수 없는 것들이 있다.

사랑의 순간에 대해서 묘사하던 영화는 나머지 반절을 시간에 따라 식어가는 사랑에 저항하는 몸부림으로 채웁니다. 눈에 보이지 않는 사랑을 설명하기 위해 사랑이 사라진 후 벌어지는 일들을 묘사합니다. 상우는 은수를 하염없이 기다리다가 한밤중에 전화를 해 무안을 당하기도 하고 술을 마시고 앞으로 더 잘하겠다고 빌기도 합니다. 새로운 남자를 만나고 있는 은수의 뒤를 밟다가 유치하게도 은수의 차를 키로 긁어놓는 것으로 자신의 흔적이라도 남기려고 합니다. 상우의 사랑은 시간의 흐름에 저항하려 합니다. 반면 은수의 방에서 발견된 이혼한 은수의 옛 결혼사진은 그녀가 과거에 누군가와 가까워지고 묶이는 것에 상처받은 사람이라는 것을 암시합니다.

변해버린 사랑을 인정하지 않는 것은 상우뿐만이 아니었습니다. 치매에 걸린 상우의 할머니는 다른 여자와 바람이 나 자신을 떠난 상우의 할아버지를 역에서 하염없이 기다립니다. 아무도 모르게 집을 빠져나와 지금은 이미 돌아가시고 없는 할아버지를 기다리는 할머니를 집으로 모셔오는 게 상우의 일과이죠. 젊었을 때 처를 잃은 상우의 아버지는 다시 결혼하지 않고 혼자 지냅니다. 이들은 닮은꼴의 가족이자 순간에 박제되어 시간에 저항하고 있는 이들입니다.

나의 사랑에 대해 이해한다는 것은 뇌를 연구하는 의사의 방식과도 유사합니다. 의사가 주목하는 부분은 정상적인 부분보다는 손상된 부분이죠. 좌측 전두엽의 특정 부위가 손상되면 인간은 말을 더듬거나 단어를 말하지 못하게 됩니다. 그리고 우리는 잃어버린 부분을 통해 평소 이 부분이 어떤 역할을 해왔는지를 유추하게 됩니다. 기억에 대한 연구도 마찬가지입니다. 우리는 한 사람에게 남아있는 기억의 형태를 통해 기억이 어떤 방식으로 소실되었는지를 짐작합니다. 그리고 본래 있었어야 하는 기억의 형태를 짐작하는 과정을 통해 기억의 방식을 이해합니다.

정상적인 뇌를 아무리 해부해 보아도 우리는 뇌가 어떠한 방식으로 작동하는지 결코 알 수 없습니다. 잘게 잘린 뇌는 그냥 조각난 조직의 덩어리들이죠. 누군가를 만나 뇌가 보이는 반응, 상처받은 뇌에 남아있는 것을 통해 우리는 뇌가 무엇이고 어떤 방식으로 작동하는지 알게 됩니다.

어둡고 조용한 방 안에 앉아 나의 정신을 아무리 미세하고 정교하게 헤집어보아도 나는 나 자신의 방식에 대해서 어떠한 새로운 것도 알 수 없습니다. 현실과 사람에 기반하지 않은 우리의 사유는 세상에 뿌리내리지 못하고 연기가 되어 흩어집니다.

노력해도 되돌릴 수 없는 것들이 있다.

누군가를 만나서 빛나게 되고, 누군가와 헤어지면서 아파하게 되고 사랑이 미움으로 바뀌고 미움이 자책과 뒤섞여 성찰로 변하면서 흘러가고, 이러한 과정을 통해 점점 정신의 개념이 확장되게 됩니다. 단순히 점 하나에 불과했던 나의 정신이 누군가를 만나고 헤어지며 가로가 생기고 세로가 생기고 그렇게 공간이 생기고 종국에는 시간의 흐름까지 발생합니다. 순간이었던 사랑은 이제는 여로가 됩니다.

봄날은 가고 여름과 가을을 거쳐 겨울이 갑니다. 떠나버린 버스와 여자는 잡는 것이 아니라던 상우의 할머니는 곱게 한복을 차려입고 할아버지를 만나러 떠납니다. 그리고 아파하던 상우의 사랑은 시간이라는 개념을 받아들여 확장됩니다. 예전 상우에게 있어서 사랑이 풍경이었다면 1년이 지난 상우의 사랑은 여러 개의 풍경이 겹쳐있는 길과 같습니다.

예전의 상우에게 사랑이란 누군가와 가까워져 그 사람과 하나로 묶이는 '현상'이었다면 지금 그의 사랑은 그 만남과 설렘, 헤어짐과 아픔의 길을 걸어가는 '행위'가 됩니다. 사랑하냐 하지 않느냐, 너와 나의 관계는 지금 무엇이냐의 차원을 넘어 저 멀리 보이는 희미한 빛을 따라 만난 사람과 사람이 사랑하고 포옹하고 아파하며 비명을 지르고 미련 섞인 한숨을 쉬는 그 모든 연결된 시공간이 사랑이라는 것을 그는 알게 됩니다.

시간은 아주 조금이지만 은수의 사랑도 바꾸어놓습니다. 어느 날 종이에 베인 은수는 무심결에 손을 심장보다 높이 들어올립니다. 상우에게 얻은 습관이었죠. 거리가 존재하지 않는 은수의 개념의 벽을 넘어 상우는 아주 조금의 흔적을 남겼던 것입니다. 어느 봄날 두 사람은 다시 만납니다. 은수는 상우의 품으로 파고들며 말합니다. 하나도 변하지 않았다고. 할머니는 건강하시냐고. 그녀는 지금 다시 0에서 1로의 사랑을 시작하려고 합니다. 그야말로 은수다운 사랑의 방식이었죠.

그러나 상우는 그토록 원했던 은수를 거절합니다. 시간이라는 두께를 얻은 상우의 사랑은 풍경에서 길로 바뀌었고 상우는 지금 그 길의 끝으로 천천히 내려가는 중이었기 때문이죠. 시간과 공간의 방식으로 엇갈렸던 두 사람의 사랑은 이제 점과 길이 되어 다시금 엇갈립니다. 상우의 마음을 깨달은 은수는 처음 만났을 때처럼 악수를 청하고 다시 멀어져 갑니다. 카메라는 이별을 고하고도 그 자리를 떠나지 못하는 상우에게 초점을 맞춥니다. 이별을 선고받고도 망설임 없이 멀어지는 은수의 모습은 화면에서 점점 희미해져갑니다. 이미 지나간 줄 알았던 봄날은 모든 계절을 한 바퀴 돌고나서야 비로소 떠나가기 시작합니다. 그렇게

노력해도 되돌릴 수 없는 것들이 있다.

봄날이 갑니다.

처음부터 막연히 이해하고는 있었죠. 내 사랑이 영원하지는 않을 거라는 것을. 하지만 이해와 수용은 얼마나 다르던지요. 수많은 매체에서 패러디되고 소비되어 온 '어떻게 사랑이 변하니'라는 대사 하나를 진정으로 이해하기 위해 우리는 얼마나 많은 사랑을 흘려보내며 그 덧없음에 아파했나요. 하지만 이 과정을 통해 우리는 비로소 우리의 사랑의 방식을 이해하게 되고 사람마다 다른 사랑의 방식의 차이를 구분하게 됩니다. 동화 속에서만 존재하던 어린 아이의 사랑은 아프고 쓸쓸한 과정을 통해 어른의 사랑이 되어 영원히 나이를 먹지 않는 동화 속 세상을 벗어나 현실에 굳건히 뿌리내리게 됩니다.

녹음일을 그만둔지 오래인 상우는 우연히 일전에 녹음해놓은 은수의 콧노래를 발견한다. 흘러가는 사랑을 잡아놓기 위한 그것이 사랑의 빈자리를 더욱 선명하게 한다는 것은 얄궂은 일이었다. 상우는 다시 소리를 담으러 떠난다. 한창 무르익은 5월의 보리밭에서 소리를 녹음하는 상우. 예전의 상우는 소리를 녹음할 때 대상과 늘 거리를 두었다. 자신의 소리가 섞여 들어가지 않도록 하기 위함이었다. 지금 상우는 수천 개의 보릿대가 바람에 우석거리는 소리 한가운데에서 이 순간을 기록

한다. 그 또한 소리의 일부가 된다. 타인이 아니라 자신을 담기 시작하는 상우의 얼굴에 미소가 번진다. 지금 이 순간 그는 은수를 완전히 보내준 것이다.

노력해도 되돌릴 수 없는 것들이 있다.

5부

약한 게 아니라 아팠던 것이다.

당연했지만 내게는 주어지지 않은 것들에게

당연했지만 내게는
주어지지 않았던,

바닷마을 다이어리, 2015, 고레에다 히로카즈

살다보면 우리는 인생의 어떤 부분은 그림자처럼 나와 분리할 수 없다는 것을 깨닫게 됩니다. 그 그림자는 내가 태어날 때부터 함께 있었고, 함께 성장해왔으며 어른이 된 지금까지도 뒤돌아보면 나와 함께 하고 있습니다. 우리는 그 그림자를 가족이라 부릅니다. 우리 인생에서 가족보다 우리에게 많은 영향을 미친 사람은 없지요. 가족은 우리가 태어나서 만나는 첫 번째 사람이자, 우리가 앞으로 맺게 될 모든 인간관계의 원형이 됩니다. 우리는 이들로부터 말을 배우고, 사랑을 배우고, 세상을 배웁니다.

불행히도 모두가 운이 좋은 것은 아닙니다. 부모의 사고로 인해서, 경제적 문제로 인해서, 어떤 경우에는 부모의 정신적 결핍으로 인해서 가장 따뜻해야 할 안전 기지를 어린 시절 잃어버린 사람들도 많습니다. 그래서 어떤 이들은 가족으로부터 고독을 배우고, 타인을 경계하는 법을 배우고, 자기 자신을 숨기는 법을 배웁니다. 그리고 가족의 영향은 그들이 제대로 된 자기를 형성하기 이전부터 시작되기 때문에 이들은 인생에서 가장 중요한 시기를 자신도 모르는 사이에 송두리째 빼앗겨 버리기도 합니다.

도쿄에서 전철로 1시간 떨어진 바닷가마을 '가마쿠라'에 살던 세 자매 '사치', '요시노', '치카'에게 15년 전 자신들을 버리고 다른 여자와 떠난 아버지의 부고 소식이 전해집니다. 아버지를 그들에게서 빼앗아간 여자는 딸 '스즈' 하나만을 남기고 죽은 지 오래고 아버지는 이미 새로운 여자를 만나 살고 있었죠. 이제 그 아버지마저 세상을 떠나 혼자가 되버린 스즈에게 세 자매는 아버지를 잃은 자신들의 어린 시절을 겹쳐 봅니다. 세 자매는 배다른 여동생 스즈에게 함께 살 것을 제안하고 그렇게 아버지를 빼앗긴 세 자매와 그 아버지를 빼앗아간 여자의 딸은 조용한 바닷가마을에서 함께 살게 됩니다.

무책임한 아버지, 빼앗겨 버린 유년시절, 그리고 그 원인이 된 사람의 딸과의 동거. 어떻게 보면 무거운 내용이 될 수 있는 소재

약한 게 아니라 아팠던 것이다.

를 영화는 아주 담담하게 풀어냅니다. 그럼으로써 영화는 보여줍니다. 눈물과 극적 전개로는 보여줄 수 없는, 평생 담담하게 안고 가야할 삶의 슬픔을요. 이러한 영화의 분위기는 자기 자신의 존재가 언니들에게 폐가 될까봐 슬픔과 고독마저 속으로 삼켜야하는 스즈의 내면상태와도 닮아있습니다. 그녀는 자신을 '보물'같은 아이라고 이야기하는 이웃 아주머니의 말에 자신은 보물 따위가 아니라고 말합니다.

　　행복한 가정과 유년시절은 너무나도 당연히 주어져야 하는 축복이기에 이것이 박탈당한 이들은 자신의 고통을 잘 설명하지도, 남들로부터 그 고통을 제대로 이해받지도 못합니다. 이것은 경험해본 사람은 뼈에 사무치지만, 경험해보지 못한 사람은 쉽게 상상할 수도 없는 어떤 것이기 때문입니다. 가끔 고통이 너무나 사무칠 때 누군가와 나눠보고자 이야기를 꺼내보지만, 때로는 남들의 악의 없는 말에 쉽게 상처받기도 합니다. 결국 이들은 다시 어두컴컴한 자신의 동굴로 들어가 자괴감과 죄책감에 휩싸여 앞으로는 절대 자신의 고통을 남들과 나누지 않으리라 다짐합니다. 이러한 이들의 상처받은 마음은 주변 사람들이 그들을 도와주는 것조차도 어렵게 만들죠. 어째서 우리는 우리가 태어나기 전에 이미 결정된 것들로 인해 고통받게 되나요?

바다거북과 관련된 다큐멘터리를 본적이 있습니다. 어미거북이 바닷가 모래사장에서 낳은 알 속에서 태어난 바다거북은 태어남과 동시에 바다를 향해 달음박질을 시작합니다. 이들 바다거북은 태어날 때부터 생존을 위한 모든 기술을 습득한 채로 태어납니다. 반면에 포유류 이상으로 넘어가게 되면 생물은 양육을 위한 시간이 필요하게 됩니다. 그리고 인간은 다른 동물보다 훨씬 더 길고 오랜 시간을 부모에게 의존해 살아갑니다. 그리고 이 과정은 인간의 뇌에 다른 동물보다 훨씬 복잡한 신경망의 발달을 허락합니다. 덕분에 우리는 언어를 사용하고, 사회와 나와의 관계를 생각하고 세상과 타인의 감정에 대하여 상상할 수 있게 됩니다.

반면에, 이러한 고도의 능력은 인간에게 다른 동물과는 다른 종류의 고통을 발생시킵니다. 아직 당하지 않은 비웃음에 분노하고, 집단으로부터 버림받을 것을 두려워하고, 언젠가 일어날 상실에 미리 마음 아파하기도 합니다. 부모에 의존하는 기간은 인간의 뇌에 기준점을 마련하는 기간이기도 하기에 좋지 않은 생애초기경험을 한 경우 사회적 관계에서 쉽게 부담을 느끼고, 갈등 상황에서 움츠러들고 그 어디에서도 안정감을 느끼지 못하게 되기도 합니다.

약한 게 아니라 아팠던 것이다.

그래서 이들은 고슴도치가 됩니다. 남들의 악의 없는 칼날에 자신의 약한 살이 의도치 않게 베이는 것을 막으려면 언제나 남들과 일정한 거리를 유지해야 하니까요. 이들은 철학자가 됩니다. 철들기 전에 자신들에게 닥쳤던 이 시련은 아직 어렸던 그들이 이해하기에는 우주처럼 너무나 거대하기 때문입니다. 어떤 이들은 정신적 떠돌이가 되기도 합니다. 이 행복해 보이는 세상 속에서 자신을 위한 자리만은 없다고 느껴지기 때문에 이들은 영원히 자신이 있을 자리를 찾아 헤매이는 기분으로 인생을 살게 됩니다. 당신의 선택이 아님에도 불구하고 철이 들고 보니 이미 결정되어버린 당신의 상처. 이것은 당신 삶의 불행의 증거인가요?

세 자매의 장녀인 '사치'는 스즈와 함께 극의 주제의식을 이끌어가는 또 다른 한 축입니다. 그녀는 여러모로 이복동생 스즈와 닮은꼴입니다. 그녀는 자식들 대신 다른 여자를 택한 아버지와 이를 비관해 집을 떠난 어머니를 대신해 동생들을 지켜왔습니다. 너무나도 일찍 어른이 되어버린 그녀는 어른들의 정신적 결핍과 무책임을 대신해서 떠맡습니다. 그렇기에 그녀는 아버지의 장례식장에서 주변 어른들이 스즈에게 어른스러운 아이 운운하며 어른 역할을 맡기는 것을 보고 분노합니다. 그녀는 사랑하는 사람과의 행복한 미래와 새로운 기회마저 포기하고 스즈와 동생들과의 삶을 택합니다.

　결국 영화는 가족으로부터 상처 받은 네 사람이 다시 가족이 되어 함께 살아가면서 그 상처를 극복해내는 과정을 담고 있습니다. 다만 감독은 사람의 상처를 치유하는데 있어서 감정이 폭발하는 극적 장면이나 한 번에 모든 갈등이 해결되는 카타르시스의 순간을 그리지 않습니다. 그들의 불행이 그림자처럼 그들 곁의 모든 순간에 머무르며 천천히 오늘날의 그들을 만들었듯이 그 상처의 회복 또한 그들 삶의 모든 순간에서 아주 천천히 이루어집니다. 스즈가 세 자매의 새로운 가족이 된 후, 매년 만들어 왔던 정원의 매실나무의 열매로 빚은 매실주에는 스즈의 이름이 담긴 매실이 들어가게 되지요. 그리고 스즈의 상처는 그들이 빚은 매실주처럼 아주 천천히 시간과 함께 성숙됩니다.

　그리고 그 상처의 성숙은 어떻게 표현되었을까요? 그 과정은 우리의 삶과 조금도 다르지 않습니다. 쭉 숨겨왔던 자신의 슬프지만 복잡한 마음이 술의 힘을 빌어 우연히 터져 나오고, 가진 추억이 다르고 서로 살아온 삶이 다르기에 무심코 한 말에 상처를 주고받기도 하고. 때로는 사랑하는 사람들의 삶의 끝을 보기도 하고, 그 사람을 보내주는 너무나도 담담하고 슬픈 모습을 보기도 합니다. 내가 너무나 어렵게 꺼낸 말을 상대방은 전혀 못 알아

듣기도 하지만, 그 안에서 보인 자신을 이해하려는 진솔한 노력
에 위로받기도 합니다. 운명과도 같은 나의 과거는 어느새 내 삶
의 아주 일부분에 불과하게 되고 평생토록 나를 쫓아왔던 나의
그림자는 여전히 내 곁에 있지만, 그 그림자 옆에는 어느 새 나를
닮은 타인의 그림자가 나란히 서서 내 손을 잡고 있습니다.

영화의 감독 고레에다 히로카즈는 전작 「그렇게 아버지가 된
다」를 통해서도 비슷한 이야기를 풀어낸 바 있습니다. 자신의
잘못이 아닌 상처에 고통받는 사람들이 새로운 가족을 맞아들
여 살아가는 이야기이죠. 그리고 그의 두 영화에서 그는 가족이
란 유전자를 공유하며 피가 이어진 관계가 아니라 삶을 공유하
며 마음이 이어진 관계라는 점을 말합니다. 그리고 그가 그려내
는 우리의 일상을 닮은 가족 이야기는 빠르고 간편하고 예쁜 치
유의 이야기에 익숙해져 있는 우리들에게 다른 어떤 이야기보다
도 사려 깊고 진정성 있는 위로를 전합니다. 남자친구와의 행복
한 미래의 가능성을 접고 가족들 곁에 남기로 결정한 사치에게
그녀의 남자친구는 그녀의 행복을 빌어주며 이렇게 말합니다.

"잃어버린 건 천천히 되찾도록 해."

그리고 이 대사를 통해 우리는 이 영화 전반부의 약간 비현실

적일 수 있는 설정을 납득하게 됩니다. 자신들을 버린 아버지를 회상하며 서로 웃는 세 딸들, 그리고 자신들의 불행의 원인이 된 여자의 딸을 가족으로 받아들이는 세 언니들의 모습을 말이죠. 이들은 가족에게 받은 상처를 극복하고 잃어버린 유년시절을 되찾아가고 있는 이들입니다. 남편의 외도를 받아들이지 못하고 딸들을 떠난 그들의 어머니가 자신들의 추억의 장소인 바닷 마을의 옛집을 처분하고 싶어 하는 것과는 대조적입니다. 인간은 과거에 의미를 붙이는 동물이기에, 추억의 장소란 과거의 상처를 극복하지 못한 이에게는 청산하고 싶은 대상에 불과하지만 극복한 이들에게는 아련하고 든든한 정서적 안전기지가 됩니다. 사치는 어머니에 대한 화해의 표시로 그들이 보관해오던 매실주를 건네줌으로써 추억의 장소를 지켜가며 상처를 치유해온 그들의 나날과 그 시간의 결과가 결코 불행하지 않았음을 보여줍니다.

시간이 흐른 뒤 스즈의 삶은 어떻게 바뀌었을까요? 사실 크게 달라진 것은 없습니다. 그녀는 여전히 그곳에서 살아갑니다. 한 가지 달라진 점이 있다면 그녀들이 아버지와의 추억을 공유하기 시작했다는 점입니다. 사치는 스즈에게 아버지와의 추억의 장소를 보여주고 스즈는 사치에게 아버지에 대한 그리움을 털어놓습니다. 근처에서 카페를 운영하던 아버지의 지인은 스즈에게 아버지의 이야기를 듣고 싶으면 언제든지 자신을 찾아올 것을 권유

합니다. 완전하지 않은 가족을 가졌던 이들이 하나의 가족을 이루어 서로간의 고통을 치유했기에 그들의 불완전함의 근원인 가족 이야기는 더 이상 이들에게 금기가 아니게 되었습니다.

인간은 태어날 때부터 완전한 형태로 태어나지 않기 때문에, 생존을 위해서 안정되고 건강한 양육과 긴 양육기간을 필요로 합니다. 그리고 우리가 유년시절이라 부르는 그 기간에 발생한 문제는 우리 삶의 많은 부분에서 고통을 유발하죠. 그러나 동시에 이 기나긴 양육기간은 인간에게 자기의식과 주변 환경에 대한 인식, 미래와 타인의 감정에 대한 상상력을 허락합니다. 그리고 이 능력 덕분에 우리는 나와는 전혀 다른 타인과 의견을 교환하고 감정을 공유하며 살아갈 수 있습니다.

우리는 미처 어른이 되기도 전에 우리가 선택하지 않은 것들로 인해 상처를 입죠. 하지만 동시에 새로운 가족을 이루어 우리의 상처를 치유하며 살아갑니다. 영화는 말합니다. 혹시 당신이 당신의 선택이 아니었던 어린 시절 때문에 고통받고 있다 하더라도 그것이 결코 당신의 운명은 아님을. 인간은 주변 사람과 새로이 애착을 형성할 수 있는 동물이기에 우리는 과거에 잃어버린 것을 앞으로 천천히 되찾아갈 수 있다는 것을 말이죠. 잃어버린 것은 모두 천천히 되찾으세요. 그렇게 고슴도치의 가시는 포근한 털로 바뀌어 타인과 온기를 주고받습니다. 세상 모든 일에 근심하던 철학자는 아이로 돌아가 천진한 웃음을 되찾았으며, 오랜 세월동안 혼자 떠돌던 방랑자는 자신과 닮은 다른 이를 만나 마침내 자신이 있을 곳을 허락받습니다.

약한 게 아니라 아팠던 것이다.

품격,
어떤 순간에도 나다울 것

스틸 앨리스, 2014, 리처드 글랫저, 워시 웨스트모어랜드

우리가 누군가를 사랑할 때 우리는 그 사람의 무엇을 사랑하는 걸까요? 누군가에게 그것은 지적능력일 수도 있고, 뛰어난 외모일 수도 있습니다. 또는 사려 깊은 마음씨일 수도 있겠지요. 만일 그 사람에게 이런 아름다움이 사라진다면 우리는 여전히 그 사람을 사랑할 수 있을까요?

"내가 평생 동안 쌓아온 모든 것들이 나를 떠나고 있어요."

저명한 언어학자, 사랑받는 아내, 사랑스러운 세 아이의 어머니. 앨리스 하울랜드는 거의 모든 것을 다 가진 행복한 여자였습

니다. 50세 생일을 얼마 지나지 않아 조발성 알츠하이머^{Early Onset}

Alzheimer's Disease, 다른 알츠하이머 치매와는 달리 65세 이전에 발병하는 알츠하이머병. 강한 유

전성을 나타내고 다른 치매에 비해 빠른 악화와 나쁜 예후를 보임. 진단을 받기 전까지

는요. 이제 그녀 앞에는 그녀가 인생을 마감할 때까지 겪어야 할

무한한 상실의 삶만이 기다리고 있습니다.

많은 영화들이 난치성 질환에 대하여 다룹니다. 현실 검증력
이 붕괴되는 조현병에서부터 거의 모든 운동능력을 상실하는 루
게릭병까지. 많은 영화들이 그 병에 걸린 것이 얼마나 슬픈 일인
지, 주변 사람들이 주인공의 병 때문에 얼마나 힘들어하는지. 그
리고 그럼에도 불구하고 그것을 극복하려고 하는 그들의 의지가
얼마나 위대한지를 다룹니다. 하지만 우리는 영화를 보며 스트레
스를 받거나 피로감을 느끼기도 해요. 질환이나 환자의 슬픈 운
명을 반드시 극복해내는 것이 정상이라는 어떤 강박 같은 것을
느끼게 되기도 하구요. 이러한 영화들은 우리에게 강렬한 메시지
와 인상을 전달하지만 극적인 장면과 줄거리를 위해 정작 중요
한 것을 희생하고 있다는 느낌마저도 듭니다.

이러한 면에서 「스틸 앨리스」는 정신질환을 다룬 다른 영화들
과 차별성을 보입니다. 이 영화는 병든 주인공을 지켜보는 주변
사람들의 슬픔과 안타까움 등의 신파적인 요소를 최대한 자제하

며, 앨리스의 눈으로 본 세상과 자신 그 자체를 다룹니다. 다소의 비약을 무릅쓴다면 다른 영화에서는 병이 주인공이고 인간이 조연이라면 이 영화에서는 인간이 주연이고 병이 조연이라고 할 수 있습니다. 이 영화는 병 대신 그 병에 걸린 인간을 다루고 있습니다. 정확히는 병을 앓고 있는 인간만이 느끼게 되는 고독과 그 사람의 무너져 가는 세상을 말이죠.

기억은 단지 내가 겪었던 일을 현재에 재생할 수 있는 하드드라이브나 캠코더 같은 것은 아닙니다. 기억은 우리가 어제 했던 약속에서부터 TV를 켜는 법, 은행을 이용하는 방법 등 우리가 세상을 지각하는 방식과 그 지각된 세상 전체를 포함합니다. 즉, 우리는 기억을 통해 세상과 연결되어 있습니다. 나의 기억에 존재하지 않은 일은 나의 세상에서는 존재하지 않는 일이나 다름없지요. 그런 의미에서 열정 넘치고 우수한 언어학자였던 앨리스가 가장 먼저 잃어버리게 된 단어가 바로 '어휘'였다는 점은 의미심장합니다.

병이 진행됨에 따라 앨리스는 직장에서, 사회에서, 가정에서 자신의 자리를 하나하나 잃어가게 됩니다. 그녀는 교수로서 수업을 진행할 능력을 잃게 되고 남편의 중요한 저녁 약속을 망치기도 합니다. 급기야 그녀는 익숙한 집안에서 화장실을 찾지 못하여 소변을 지리기까지 합니다. 그리고 이 과정에서 앨리스는 무서운 진실을 깨닫게 됩니다. 알츠하이머병으로 위협받는 것은 단지 기억이 아니라 바로 자기 자신의 존재라는 점을 말입니다. 무너져 버리는 자신의 세상 속에서 그녀의 삶은 이제 실존을 건 자신과의 싸움이 됩니다. 그녀는 말합니다.

"우리의 이상한 행동과 어눌한 말들은 우리에 대한 남들의 시선을 변화시키지요. 그리고 스스로에 대한 시선도요."

알츠하이머병에서 기억력의 소실만큼이나 중요하면서도 의외로 잘 알려져 있지 않은 증상이 있습니다. 바로 우울증, 불안, 초조 등의 정신행동증상입니다. 이전까지 의사들은 우울과 알츠하이머병을 각각 독립된 별개의 질환으로 바라보곤 했었습니다. 하지만 최근의 연구결과와 추세에 따르면 알츠하이머병의 87%에서 우울 증상이 동반되며 우울증이 알츠하이머병을 일으킨다는 연구 결과도 있습니다.

우울은 언제나 무언가를 '상실'하면서 나타나곤 합니다. 그리고 자신의 능력, 기억, 심지어 존재마저 잃어가는 알츠하이머병 환자에서 우울증이 나타나는 것은 어쩌면 그리 놀랄만한 일이 아닐지도 모릅니다. 그래서 이 이야기는 기억을 잃어가는 앨리스가 자신의 인생의 모든 것을 상실하는 내용이기도 합니다. 우리가 상실에 대해서 생각할 때 돈이나 사랑하는 사람 등 명확하고 물질적인 영역의 상실에 대해서만 생각하기 쉬운데, 넓은 범위로 보면 우리 삶의 상실은 내가 목표한 삶을 향해 나아갈 수 있는 가능성이나 누군가에게 의미 있는 역할을 해줄 수 있는 능력 등의 추상적이고 영적인 차원까지도 포함합니다. 그렇기 때문에 우리 삶의 모든 우울은 결과적으로 상실에 대한 반응이 됩니다. 그리고 자신의 존재를 잃어가는 앨리스의 투병생활은 곧 앨리스가 자신의 우울을 겪어내고, 받아들이고 다루는 과정이기도 합니다.

그래서 이 영화는 중반부부터 세상에서 지워지는 앨리스의 모습을 담습니다. 앨리스의 증상이 진행되면 진행될수록 가족들은 자신들의 중요한 일에서 앨리스를 배제시킵니다. 그녀가 피곤해할까 봐, 또는 그녀의 마음이 다칠까 봐 아이처럼 보호하기만 합니다. 결국 그녀는 가족과 한 테이블에 앉아 의견을 나누는 대신 멀찍이 떨어진 소파에 앉아 그들의 대화를 멍하니 듣고 있는 주변 인물이 되어버리죠. 앨리스의 남편은 그녀에게 이사를 제안하기도 합니다. 오늘의 기억이 더 이상 미래와 연결되지 못하게 된 그녀에게 있어서 삶의 터전을 바꾼다는 것은 정말 끔찍한 일임에도 불구하구요.

그렇다고 해서 그녀의 가족들이 정말 그녀를 전혀 배려하지 않는 냉정하고 잔인한 사람들로 묘사되지도 않습니다. 오히려 이들은 서로를 사랑하는 아주 평범한 보통의 가족들이지요. 다만 영화는 현실을 표현하고자 합니다. 우리가 인생에서 무언가를 잃어갈 때 느끼는 고독은 당사자만이 알 수 있다는 것을. 어떤 고통은 결코 남들과는 나눌 수 없다는 것을.

그녀가 기억을 잃더라도, 돈을 더 이상 벌지 못해도, 그녀가 더 이상 집안에서 화장실을 혼자 가지 못해도, 그녀의 주변 사람들은 여전히 그녀를 사랑하고 배려하고 지켜줍니다. 하지만 인간은 결코 그것만으로 살아갈 수는 없죠. 우리는 스스로가 가치 있다고 느껴야 하고, 남들과의 관계에서 어떠한 역할을 갖기를 원하고, 우리가 가치있게 살았다는 증거를 어떤 형태로든 세상 속에서 남기기를 원하는 동물들입니다. 세상 속에서의 의미와 가치를 형태로 가지기를 소망하는 우리의 특성은 그 소망이 더 이상 이루어질 수 없다는 것을 깨달았을 때 우리에게 있어서 저주(우울)가 되어버립니다. 그리고 모든 사람에게 있어서 실존이란 서로 다른 의미를 가지기에 이러한 우울은 본질적으로는 타인이 완전히 이해할 수 없는 것이기도 하죠. 그래서 실존의 문제는 필연적으로 고독합니다. 링 위에 올라선 복서처럼 자신과 세상, 단 둘이서 해결해야 하는 문제이죠.

약한 게 아니라 아팠던 것이다.

그렇기 때문에 이 영화는 우리에게 묻고 있어요. 우리가 인생에서 막연하게든 구체적이든 간에 생각해 오던 우리 인생의 목표, 내 인생의 완성, 그것을 향하는 길이 다시 복구되지 못할 만큼 끊겨버렸을 때에도 우리는 여전히 가치가 있는 존재인지를. 나를 나로 있게 해주는 그 어떠한 것을 영원히 잃어버렸을 때, 그때도 과연 우리는 여전히 존엄한 존재인지를요.

아이러니하게도 영화는 그녀가 완벽한 삶을 살았던 시절 끝내 채우지 못했던 빈 공간을 통하여 대안을 이야기 합니다. 완벽했던 그녀가 생전에 단 한 가지 하지 못했던 것, 바로 막내딸과의 갈등의 해결입니다. 다른 가족들이 앨리스를 보호하기 위해 그녀를 아기나 환자처럼 무조건적인 보호로 일관하는 동안, 막내딸인 리디아는 여전히 그녀와 싸우고 갈등합니다. 세상이 결코 녹록치 않음을 아는 앨리스는 배우 지망생인 리디아가 대학에 진학하기를 원합니다. 자신의 인생에 대안 따위는 필요 없다고 생각하는 젊은 리디아는 엄마인 앨리스가 자신의 병을 이용해 자신의 인생을 조종하려 한다고 주장하기까지 합니다. 그리고 결국 둘은 아주 조금 서로를 이해합니다. 앨리스는 무대 위에 선 리디아를 보러가 그녀의 연기에 찬사를 보냅니다. 비록 그녀가 순간순간 무대 위에서 연기를 하고 있는 것이 자신의 딸임을 인지하지 못한 것이 리디아의 마음을 아프게 하였지만요. 훗날 앨리스가 거의 모든 기억을 잃게 된 치매 말기에도 끝까지 앨리스 곁에 남은 것은 막내딸 리디아였습니다. 완전한 상태의 앨리스가 해내지 못한 것을 모든 것을 잃은 앨리스가 해낸 것입니다.

　무대 위의 막내딸을 보며 깊은 인상을 받은 앨리스는 두려움을 이기고 자신도 알츠하이머 협회에서 한 명의 환자로서 자신의 투병에 대하여 발표하기로 합니다. 저명한 언어학 교수로서 사람들에게 찬사를 받던 그녀가 이제 자신의 존재마저 잃어가는 한 명의 환자로서 자신의 체험을 나누기 위해 강단에 섭니다. 건강했던 그녀와 현재의 비참한 그녀의 차이가 보는 이의 마음을 아프게 합니다. 굳이 그녀의 비참한 심정을 모두의 앞에서 공개할 필요가 있었나요? 모두와 함께 나누면 병의 진행이 늦춰지는 것도 아닐 텐데 말이죠. 하지만 그것이 그녀가 찾은 그녀만의 존엄성이자 존재의 증명이었습니다. 비록 완벽하지는 않더라도 지금 이 순간의 모습대로 세상과 연결되는 것 말이죠. 그녀는 말합니다.

　"저는 고통 받고 있지 않습니다. 애쓰고 있을 뿐입니다. 이 세상의 일부가 되기 위해. 예전의 나로 남아 있기 위해."

　그녀는 사람들 앞에서 자신이 알츠하이머병에 걸려 기억과 판단력을 잃어가고 있음을, 그로 인해 자신을 잃어가고 있음을 담담히 고백합니다. 그리고 잃어가는 자신으로 인해 자신을 보는 스스로의 시각이 어떻게 변하였는지도 말입니다. 하지만 동시에 그녀는 말합니다. 이것은 자신의 모습이 아니라 단지 병의 모습일 뿐이라고. 따라서 그녀는 고통받는 대신 싸우는 것을 선택하였고 자신의 과거를 그리워하며 절망하기보다는 현재를 살아가는 것을 '선택'하였노라고 말이죠.

무한히 강해지기만 하는 삶이 있을까요? 오늘의 나는 어제의 나보다 반드시 많은 것을 가지고 있나요? 생로병사가 반드시 존재하는 수십 년에 불과한 인생에서 우리는 얻기만 하는 것은 아니에요. 오히려 인생이 진행될수록 싫어도 깨닫게 됩니다. 우리의 인생은 어떠한 면에서는 잃어가는 과정이라는 것을. 인생의 어느 시기에 우리는 건강을 잃습니다. 부모를 잃기도 하죠. 생 자체를 잃기도 합니다. 그 상실은 출근길 도로에서 우리를 덮친 1톤 트럭처럼 우리가 예상하지 못하는 시기에 예상치 못하는 형태로 찾아옵니다. 우리는 정신분석에서 심리학 이론에서 이 고통의 원인과 구조를 알고자 합니다. 그 고통을 회피하고 이겨낼 수 있는 힘이 생기기를 기대하면서요. 하지만 개인이 받아들이기 너무나 힘든 실존적 고통 앞에서 삶과 이론은 우리에게 침묵합니다.

그래서 빅터 프랭클을 위시한 정신의학자들은 강변합니다. 삶에서 대답을 얻는 것이 아니라 우리가 삶에게 대답을 들려주어야 한다는 것을요. 3억의 빚을 진 사람은 1억의 빚을 진 사람보다 세 배 불행한가요? 누군가는 1억의 빚을 지고도 희망을 완전히 포기하고 삶에서 알코올로 도망가기도 합니다. 누군가는 3억의 빚을 지고도 그 날 회사에 다시 출근하고 친구들과의 약속을 잡습니다. 그 상황에서 조금이라도 벗어나 남은 인생을 소생시키는 방법을 찾기 위해서이죠. 그렇기 때문에 실존 앞에 선 인간의 고독은 일견 삶이 우리에게 부과한 저주처럼 보이지만, 우리 삶에 축복으로 다가오기도 합니다. 인간이 고독한 것은 인간이 삶의 방식을 스스로 정하는 동물로 진화했기 때문이기도 합니다.

그래서 저명한 교수에서 알츠하이머병 환자로 강단에 선 앨리스의 모습은 비참해 보이기는커녕 어떤 고귀함마저 느껴집니다. 다시 강단에 선 그녀에게 있어서 그 순간은 자신의 고통을 남들에게 공개하고 동정을 받기 위한 과정이 아니기 때문입니다. 자신을 알츠하이머병 환자에서 세상과 연결되려고 하는 한 인간으로 변모시키는 과정이 됩니다. 자신의 삶의 방식을 자신이 결정하는 것 즉 선택, 그 자체가 그녀가 도출한 자신의 삶의 방식이었습니다. 세상이 그녀에게 들려주는 삶의 의미가 아니라 그녀가 세상에게 들려주는 자신의 삶의 의미였죠.

약한 게 아니라 아팠던 것이다.

앞으로 모든 것을 잃게 될 앨리스는 우리에게 말합니다. '순간을 살라'고요. 물론 여생이 1달이든 100년이든 우리는 모두 순간을 살아요. 하지만 기억을 잃어가는 앨리스의 세상에서는 자신의 선택대로 살지 못한 10년 보다 자신이 선택한 3분이 더욱 의미를 가집니다. 그녀의 모습이 비참해 보이지 않는 이유는 그것이죠. 그녀가 선택한 삶의 방식이 옳았기 때문이 아닌 그녀가 그녀의 방식을 택했기 때문입니다. 그리고 그것은 혼자서는 화장실도 가지 못하게 된 그녀의 삶의 마지막에 인간으로서의 품위를 돌려주게 됩니다.

내 삶의 의미를 세상이 정해준다면, 그리고 우리가 그 의미 안에서만 살아야 한다면 우리 앞의 어떤 가치나 목표를 향하는 길이 영원히 중단되었을 때 우리의 삶도 멈춰버려요. 황야에서 헤매이다가 먹이를 찾지 못하여 탈진해 쓰러져 버린 늑대처럼요. 반면 우리가 삶에 어떠한 의미를 부과할 수 있다면 우리는 다시 존재의 의미를 되찾게 되죠. 우린 다시 일어나 싸울 수 있게 됩니다. 저항할 수 있게 됩니다. 왜냐하면 의미란 우리가 삶과 싸워서 승리해서 받는 상품이 아니라 거대한 삶의 여러 일들과 싸워나가기 위한 우리의 싸움방식이기 때문이죠.

우리가 나 스스로를 사랑할 때 우리는 우리 안의 무엇을 사랑하는 걸까요? 만일 우리에게 그것이 사라진다면 우리는 여전히 스스로를 사랑할 수 있을까요? 우리는 경험을 쌓을수록 무한정 강해지는 게임 속 캐릭터가 아니죠. 우리의 삶은 영원히 얻기만 하는 것이 아니라 무언가를 잃어가는 과정이기도 하지요.

모든 단어와 기억을 잃어버린 앨리스에게 여전히 남아있는 단어 하나는 '사랑'이었습니다. 그것이 세상에 대한 사랑이든, 자신의 딸에 대한 사랑이든 그 사랑은 여전히 남아 자신을 비춰주고 있었죠. 자신이 선택한 방식대로 자신의 세상을 사랑하는 것. 앨리스가 선택한 사랑의 방식은 세상과 연결되는 것이었죠. 그리고 그것은 그녀의 삶을 칼질만 기다리던 도마 위의 생선에서 거대한 태풍과 맞서 싸우는 인간의 신화로 바꾸어놓았죠. 언젠가 우리는 스스로 정한 삶의 의미를 스스로에게 들려줘야할 때가 옵니다. 인생을 송두리째 바꿔놓을 상실 앞에서 처음과는 너무나 달라진 스스로가 휩쓸려 사라지지 않도록. 그것이 인간의 방식이죠. 영화가 정의한 상실의 끝에서 '여전히still' 남아있는 인간의 존엄성입니다.

"저는 살아 있습니다. 사랑하는 사람들도 있지요. 살아 있는 동안 하고 싶은 일들도 있습니다. 그리고 저는 이런 것들을 기억하지 못하는 제 자신에게 무척 화가 납니다. 하지만 저는 아

약한 게 아니라 아팠던 것이다.

직도 인생에서 행복한 날들과 즐거움을 가지고 있습니다. 그러니 부디 제가 고통받고 있다고 하지 마세요. 저는 고통받고 있는 것이 아닙니다. 저는 싸우고 있습니다. 과거의 저와 연결되어 있기 위해서이죠. 그래서 '지금 이 순간을 살라'고 스스로에게 말합니다. 그게 제가 할 수 있는 전부니까요. '현재를 살아가는 것' 말이에요."

상처, 우리에게
마음이 있다는 증거

마블 시네마틱 유니버스, 2008-2019, 안소니 루소, 조 루소 외

불과 10여 년 전까지만 해도 우리나라에서 히어로를 소재로 한 영화나 애니메이션은 소아나 청소년들의 전유물로 여겨졌습니다. 하지만 요즈음에는 성인들 또한 히어로 영화에 열광하고, 마트에서는 어른들을 대상으로 한 값비싼 히어로 관련 상품이 넘쳐납니다. 그리스 신화의 헤라클레스로부터 20세기의 슈퍼맨까지 동서고금의 많은 이야기 속 영웅들은 책 속에서, 이야기 속에서 살아 숨쉬며 인간들을 매혹시켜왔죠. 이들은 인간을 뛰어넘는 거대한 힘을 가지고 마찬가지로 거대한 숙명과 악당에 맞섭니다.

하지만 우리는 때때로 영웅들의 인간적 모습에 끌리기도 합니다. 이들은 인간의 모습을 하고 있으며, 인간처럼 방황하고, 고

뇌하고, 실수를 저지르기도 합니다. 그들이 겪는 시련의 모습에는 인간의 삶의 모습이 담겨 있습니다. 최근 전 세계적으로 신드롬에 가까운 인기를 보이는 마블 시네마틱 유니버스 시리즈의 중심에는 시리즈의 가장 성공한 히어로 캐릭터인 '아이언맨'이 있습니다. 영화 아이언맨 1편에서의 유명한 선언인 "내가 바로 아이언맨입니다.^{I am Iron Man}"라는 대사 이후 우리는 11년간 그의 여정에 함께하였죠. 이 21세기를 대표하는 백만장자 영웅은 최첨단 티타늄 갑옷으로 전신을 무장하였지만, 동시에 내적으로는 PTSD^{외상후 스트레스장애}와 강박증에 시달리고 있습니다.

아이언맨의 빨갛고 매끈한 티타늄 슈트는 최고급 슈퍼카가 연상 될 만큼 멋지고 화끈합니다. 아이언맨의 슈트에는 차세대 에너지원인 아크원자로와 인공지능 비서 '자비스'를 비롯한 온갖 최첨단 기술들이 집약되어있죠. 심지어 그는 이 멋지고 강한 슈트를 자신의 연구실이자 창고에서 마치 고급 스포츠카를 튜닝하는 것처럼 직접 만듭니다. 비밀기지에서 자신만의 발명에 몰두하는 소년처럼 주인공 토니 스타크는 경쾌하게 자신의 슈트를 완성해나갑니다. 토니는 아무 초능력도 없는 평범한 사람이지만 슈트의 힘으로 하늘을 날기도 하고, 신과 같은 힘을 가진 적들과도 대등하게 맞서 싸웁니다. 하지만 이 화려하고 강인해 보이는 슈트 이면의 토니는 자신의 정신적 외상과 불안에 쫓기고 있습니다. 이름난 무기개발자였던 토니 스타크는 자신의 재능에 절대적인 자신을 가지고 있었고, 최고의 무기가 최고의 효율로 전쟁을 막아준다는 나름의 신념 또한 가지고 있었죠. 그러던 그는 자신이 개발한 무기를 쓰는 테러리스트들에게 포로로 잡혀 동굴에 감금당하고 무기를 개발할 것을 강요받습니다. 그곳에서 그는 자신이 개발한 무기가 얼마나 많은 무고한 사람들을 절망으로 몰아넣는지를 생생히 지켜보게 되고, 압도적인 폭력에 굴복해 이를 지켜보기만 해야 한다는 것이 얼마나 무력한 일인지를 몸서리치게 느끼게 됩니다. 이때의 무력감과 죄책감은 그에게 지워지지 않는 끔찍한 트라우마로 남습니다. 심장에 박힌 파편을 막기 위해 가슴에 장착한 아크 리액터는 아이언맨의 상징이기도 하지만 동시에 그의 끔찍한 정신적 외상의 상징이기도 합니다.

"내가 살아서 돌아온 데는 이유가 있을 거야.
난 미치지 않았어. 내가 해야 할 일을 이제야 깨달았지.
그래야 과거의 죄를 용서받을 수 있어."

_영화 〈아이언맨 1〉 중에서

아이언맨은 끊임없이 과거로부터 쫓깁니다. 그의 숙적들의 대부분은 그의 과거와 연관되어 있거나 그 자신으로부터 비롯되었습니다. 그는 결국 승리하지만, 거대한 위협과의 대치 상황은 그의 불안을 악화시켰고 사랑하는 연인과 동료 등 사랑하는 것들이 늘어날수록 트라우마는 최악의 형태로 재경험됩니다. 따라서 그는 언제나 불안감으로부터 스스로를 고립isolation시키고자 하고 불안의 모든 요소를 완벽하게 통제controlling하고자 합니다.

시리즈가 거듭될수록 업그레이드되는 그의 첨단 티타늄 갑옷은 아이언맨이라는 영웅의 강함의 상징이기도 하지만 동시에 '고립'이라는 그의 방어기제를 나타내는 도구이기도 합니다. 자신의 연구실에서만 장착할 수 있었던 그의 슈트는 가방에 담겨서 이동할 수 있게 되고(아이언맨2), 나중에는 그의 몸에 이식된 센서로 인해 언제든지 날아와서 입을 수 있게 됩니다(아이언맨3). 무서운 일이 생각날 때마다 침대 밑으로 들어가 틀어박히는 아이처럼 토니는 마음속의 불안이 커져갈 때마다 슈트를 업그레이드합니다. 언제든 자신이 원할 때 몸에 두르고서 자신을 지킬 수 있도록 말이죠. 그리고 마침내 그는 인간이 없어도 지구를 지킬 수 있도록 자율적으로 움직이는 슈트의 군대를 만들어냅니다(에이지 오브 울트론).

그는 또한 통제에 집착하는 모습을 보여줍니다. 불안이 끊임없이 재경험되는 사람이 할 일은 두 가지죠. 불안을 회피하려 하거나, 불안을 통제하려고 하거나. 외계 존재들의 거대함과 사악함, 히어로 활동을 할수록 새롭게 발생하는 문제들에 압박 받은 그는 아직 어린 스파이더맨 피터파커 등 새로운 히어로들을 모으는 한 편, 히어로들의 활동을 국제기구에서 통제하는 법안을 지지합니다. 그의 통제에 대한 열망은 여기서 그치지 않고, 다른 히어로들의 활동마저 통제하려고 하는데 이릅니다. 이제 히어로들은 두 개의 파벌로 나뉘어 지키기 위한 전쟁이 아닌 상처 입히는 전쟁을 시작합니다(시빌워).

고립과 통제라는 그의 두 가지 방법은 모두 실패합니다. 토니가 지구를 위협으로부터 지키기 위해 창조해낸 병기 울트론은 인류를 지켜주기는커녕 인류를 위협으로 인식하고 반란을 일으키고, 통제의 필요함을 역설하던 토니는 자신의 아버지의 죽음에 대한 진상을 알게 되자 이번엔 자신이 통제력을 잃고 생사고락을 함께 한 친구이자 전우^{캡틴 아메리카}에게 살의가 담긴 공격을 날립니다. 상처뿐인 전쟁의 결과, 그의 오랜 친구는 영원히 혼자의 힘으로 걸을 수 없게 되었죠. 그리고 「인피니티 워」에서는 마침내 아이언맨의 앞에 자신의 악몽이 구현된 최악의 존재인 '타노스'가 나타납니다. 인피니티 스톤으로 상징되는 알 수 없는 세상의 거대한 원리와 타노스로 상징되는 압도적인 폭력은 그가 지키려 했던 모든 것을 먼지로 되돌려버립니다. 오랜 기간 동안 그를 괴롭혀왔던 악몽은 현실이 되고, 그는 모든 것을 잃습니다.

현대인의 불안한 모습이 반영된 히어로답게 그가 끔찍한 과거로부터 일어서려다가 끝내 실패하는 과정은 우리의 삶과 너무도 닮아있습니다. 우리의 마음은 연약하고 쉽게 상처 입기 때문에 아무리 평소 때 강한 신념과 물리적 힘으로 무장하고 있더라도 우리는 언젠가는 내 주변의 모든 것이 무너질지도 모른다는 불안에 시달리며 살아가죠. 그래서 우리는 돈을 벌거나, 스펙을 쌓거나, 좋은 직장에 들어가려고 하는 등 우리를 지켜 줄 수많은 갑옷을 만들고, 어떠한 인간관계에서도 손해를 보지 않도록 사회적 기술을 연마하는 등 불안 요소들을 통제하는 데 몰두하게 됩니다. 하지만 우리가 강해질수록, 우리의 활동반경이 늘어날수록 우리가 맞닿게 되는 세상의 일면들도 그만큼 거대하고 강해지기 때문에, 그 모든 문제를 막아내고 통제하는 것은 불가능하다는 것을 깨닫게 됩니다. 나를 단단하게 지켜주리라 생각했던 갑옷은 종잇장처럼 구겨져버리고, 모든 상황에 대처하기 위해 짜 두었던 완벽한 계획은 엉망으로 어그러져 새로운 문제를 쏟아냅니다. 결국 어느 순간, 우리가 그토록 두려워하던 과거의 악몽이 현실 속의 불안이 되어 우리를 끊임없이 궁지로 몰아넣습니다.

하지만 통제하지 못한 불안은 우리의 발목을 잡기만 하는 걸까요? 그토록 노력했지만 치유하지 못한 과거의 상처는 우리의 인생이 실패한 증거일까요? 과거를 극복하지 못한 현재는 무의미하기만 한 걸까요? 만약 그렇다면 우리는 왜 우리를 닮은 상처 입은 영웅들에게 이토록 열광하는 건가요?

"사람들은 이상해. 질서와 혼란을 반대개념으로 여기지.
그리고 통제가 불가능한 것을 통제하려고 해.
하지만 그들의 실패에는 품위가 있어."

_영화 〈어벤저스 : 에이지 오브 울트론〉 중에서

아이언맨 일대기의 결말이자 팬들에게 바치는 헌사인 「어벤져스 : 엔드게임」은 이러한 물음에 대한 독특하고 멋진 답변입니다. 아이언맨을 비롯한 영웅들은 죽은 동료들과 시민들을 되돌리기 위한 유일한 수단인 과거의 인피니티 스톤을 찾기 위해 과거로 떠납니다. 과거로부터 쫓기던 영웅이 그토록 찾아 헤매던 대답이 과거에 있다는 점은 의미심장합니다. 하지만 이 영화에서 영웅들은 과거를 바꾸기 위해서 찾아가는 것은 아니었습니다. 아무리 애를 쓴들 우리가 상처 받은 사실은 바꿀 수 없고 우리가 저지른 실수도 결코 없어지지 않죠. 하지만 과거를 극복한다는 것은 우리가 의식에서 과거의 외상적 사건을 완전히 지워버리고 두려워하는 마음을 잊어버리게 됨을 의미하는 것은 아닙니다. 지워버리는 것은 오히려 타노스의 방식에 가깝죠.

과거를 극복한다는 것은 우리가 과거의 사실을 여전히 잊지는 않되 그것이 과거의 일에 불과하다는 것을 정확히 인식하고, 새로운 대처방법을 실행함을 의미합니다. 지금 내게 떠오르는 과거의 공포와 무력감을 과거의 나에게 돌려보내주고 지금, 여기에

약한 게 아니라 아팠던 것이다.

찾아오는 과거를 닮은 일들에 대해 예전과는 다른 새로운 방식으로 대응함을 의미합니다. 결과가 결국 실패였다 할지라도 과거의 공포에 대하여 끊임없이 무언가 행동했기 때문에 우리는 조각난 감정과 이미지를, 우리의 실패의 과정을 하나로 이어 붙여하나의 '이야기'로 만들 수 있게 됩니다. 이렇게 이어 붙여진 이야기들은 우리가 과거의 대응방식을 답습하지 않도록 해주고, 과거를 끔찍한 추적자에서 내 삶의 이정표로 바꿔줍니다.

그래서 과거의 순간으로 돌아간 영웅들은 그들이 실패를 거듭했던 옛날의 모습처럼 행동하지 않습니다. 온화해진 헐크는 분노에 찬 과거의 자신을 보고 부끄러워하며, 허세에 가득 차 있던 번개의 신 토르는 어머니를 만나 자신이 부족했음을 겸허히 인정합니다. 고지식했던 캡틴은 예전의 자신이라면 상상도 할 수 없었던 재치로 싸움을 해결하고, 어른스러워진 토니는 자신의 결핍과 죄책감의 근원이기도 한 아버지를 만나 어른과 어른으로써 대화를 나누고, 아버지가 된다는 무게와 불안을 공유합니다.

튼튼한 갑옷만으로는 충분하지 않았기 때문에 우리는 우리의 내부로 눈을 돌릴 수 있었고, 내일을 통제하려다가 잃어버린 소중한 것들은 우리로 하여금 불안함을 가슴 한켠에 넣어두고 오늘을 살 수 있도록 등을 밀어주었죠. 그리고 이 모든 실패가 모여 1400만 가지의 미래 중 지금^{now} 이곳^{here}에 변화의 순간을 만듭니다. 그리고 어벤져스는 과거의 실패에 대한 진정한 '복수자'가 되어 그들의 악몽인 타노스에게 두 번째 도전을 합니다.

"캡틴 내 말 들려? 캡틴, 나야 샘. 잘 들려?
왼쪽을 보라고."

_영화 〈어벤져스 : 엔드게임〉 중에서

그리고 그 순간, 아이언맨의 뒤에는 먼지로 사라졌던 그 모든 영웅들이 함께 합니다. 그리고 우리는 이들의 팬이기에 이들의 모습 하나하나의 뒤에 숨겨진 이야기를 떠올리게 됩니다. 이들이 무슨 상처를 입었고, 어떻게 실패했고, 어떻게 되돌아오게 되었는지를요. 우리의 욕망을 담아 창조된 가상의 인물들이기에 이들의 실패 또한 우리를 닮아있었죠. 그렇기 때문에 우리는 우리를 닮은 이 실패한 영웅들에게 조각으로만 남아있던 내 인생의 이미지를, 순간 스쳐갔던 감정들을, 나와 닮은 모난 부분들을 이입해 담아둘 수 있었습니다. 영웅들이 자신의 한계를 극복하고 과거의 자신을 뛰어넘는 이야기들은 조각난 우리의 과거의 이미지를 연결하여 이야기로 완성하는 뼈대가 되어주며, 미처 이해하지 못한 경험의 이면을 깨닫게 해주는 거울이 되어줍니다. 우리가 아직 어린 아이였을 때 동화 속 이야기를 통해 세상의 모습과 원리를 파악하듯이요.

통제하지 못한 불안은 우리가 과거의 실패를 답습하는 것에서

약한 게 아니라 아팠던 것이다.

벗어나 새로운 길로 들어설 수 있도록 해주는 동력이 되어주었습니다. 그토록 노력하였지만 결국 치유할 수 없었던 과거의 상처는 우리가 이전에는 결코 느낄 수 없었던 다른 이의 상처를 느끼고 공감할 수 있게 해주었습니다. 과거를 지우는 것은 불가능했지만, 극복하기 위해 앞으로 나아가는 과정을 통해 지금의 좌절 또한 무언가를 향하는 길이라는 것을 배웠죠. 의미 없는 실패는 단 한 순간도 없었고, 우리는 상처를 통해 더 나은 존재가 됩니다. 피할 수 없는 존재inevitable인 줄 알았던 타노스 앞에 선 아이언맨의 오른손에는 어느새 세상의 이치인 인피니티 스톤들이 빛나고 있었고, 마침내 아이언맨은 자신의 악몽을 진정 뛰어넘습니다. 11년을 넘어 토니는 다시 한 번 선언합니다.

"나는 아이언 맨이다.*And I am Iron Man.*"

_영화 〈어벤져스 : 엔드게임〉 중에서

이제 짧지 않은 시간 동안 우리와 함께한 히어로가 자신의 임무를 마치고 은퇴합니다. 고치에서 벗어나 나비가 된 애벌레처럼 그는 슈트에서 벗어나 자유로워졌죠. 그의 슈퍼카와 멋진 최첨단 슈트를 동경하던 청년들은 어느 새 가족을 이루고 히어로로서의 토니보다는 딸과 작별인사를 나누는 토니에 더 공감하게 되는 아버지가 되었습니다. 어쩌면 보기에 따라서는 그냥 아이들이 보는 유치한 판타지 영화로 치부할 수도 있어요. 하지만 우리가 그 환상과 상징에 어떠한 의미를 담고 무엇을 읽어내느냐에 따라서 그들의 이야기는 현실의 일부가 되어 우리 삶의 중요한 기둥이 되기도 하죠. 박물관에 전시된 그리스 조각상이 단지 인간의 모습을 닮은 돌덩이가 아니라 수많은 이야기와 상징이 담겨있는 매개체가 되어 주듯이요.

수 없는 상처를 극복해내야 하는 인간에게는 시지프스나 이카루스와 같은 고통과 한계에 대한 우화만큼이나 끊임없는 도전을 통해 실패와 상처를 이겨나가는 극복의 이야기도 필요합니다. 우리가 그 이야기에 우리의 경험과 기억들을 담아 자신만의 영웅담을 완성할 수 있도록 말이죠. 칭얼거리는 아들의 손을 잡고 백화점에 간 아버지는 진열장 한 구석의 갑옷 입은 영웅을 보며 그 안에 담긴 생생한 자신의 젊은 날의 이야기를 봅니다. 우리에게 지금도 히어로가 필요한 이유이죠.

사람들은 토니를 기리며 토니의 가슴에 자리 잡았던 아이언맨의 상징을 강물에 띄워 보냅니다. 한때 토니의 끔찍한 트라우마의 상징이였던 가슴의 아크 리액터에는 아래와 같은 글이 새겨집니다.

"토니에게 마음이 있다는 증거"

약한 게 아니라 아팠던 것이다.

상처, 어쩌면 그건 우리에게 마음이 있다는 증거인지도 모릅니다.

지금이 얼마나 아프고
아름다운지 기억할 수 있기를

로마, 2018, 알폰소 쿠아론

이름 모를 여행자가 혼자 길을 걸어가고 있었습니다. 낡고 오래된 옷은 군데군데 헤져 있었고, 절뚝거리는 다리에서는 피가 흐르고 있었습니다. 오래도록 먹지도 쉬지도 못하여 생긴 피로와 굶주림으로 인해 당장이라도 쓰러질 것처럼 보였지만, 그는 번번이 마을 입구를 그냥 지나칩니다. 오랜 고통으로 빛을 잃은 그의 눈동자에는 주변의 그 어떠한 것도 비치지 않는 듯하였습니다.

　여행길 도중 우연히 그는 자신과 마찬가지로 혼자 떠돌아다니던 다른 여행자를 만납니다. 둘은 길가에 나란히 앉아 서로 자신이 지나온 힘든 나날들에 대하여 이야기를 나눕니다. 이야기 도중 여행자는 자신도 모르게 눈물을 한 방울 떨구기도 하였습니

약한 게 아니라 아팠던 것이다.

다. 잠깐 이야기를 나누던 둘은 이내 각자의 길을 향해 떠납니다. 다시 한참 길을 가던 여행자는 문득 자신의 발걸음이 적잖이 가벼워져 있음을 깨닫습니다.

그는 마음속에서 무언가가 덜어내져 있음을 느낍니다. 비워진 마음의 그 공간을 멀리서 불어오는 청량한 바람이 통과합니다. 그의 땀을 몇 번이나 식혀주었던 그 바람을 그는 그동안 전혀 느끼지 못했었음을 깨닫습니다. 가벼워진 마음의 한 곳에 그가 아주 예전에 잊어버렸던 그리운 감정들이 흘러들어 옵니다.

나는 정신과 의사입니다. 요즘 말로 정신건강의학과 의사라고 합니다. 하루의 대부분의 시간 동안 나는 사람의 아픔을 읽고, 파악하고, 공유하려고 합니다. 하지만 그건 영화나 드라마 속의 한 장면처럼 한 순간에 멋지게 이루어지는 것은 아니에요. 처음 만난 누군가의 마음을 한 눈에 파악하고, 치유하는 것은 현실에서는 불가능한 일이지요. 대신 나는 오랜 시간을 들여 사람들의 이야기를 끌어내고, 주변인이 묘사하는 환자의 모습을 상상하고, CT나 MRI 영상을 통해 환자의 행동을 이해하기도 합니다.

많은 사람들의 좌절을 봅니다. 헤어 나올 수 없는 상실의 이야기도 듣습니다. 이 과정이 무수히 반복되면, 그제야 나는 그들의 눈으로 보는 세상과 그들 아픔의 일부를 잠시 공유할 기회를 가지게 됩니다. 그 순간적인 감정과 사건들의 공유는 방문을 거듭

할수록 덜어내는 과정을 거치고, 한없이 본질에 가까워진 우리의 대화들은 점차 살아 움직이는 생명력을 얻습니다. 그렇게 우리들이 나눈 대화는 한 편의 영화가 됩니다. 그래요. 오늘도 나는 그 영화 속 당신의 마음을 읽습니다.

2018년 작 알폰소 쿠아론 감독의 영화 '로마'를 보며 저는 진료실에서 환자들과 나누었던 수많은 이야기와 장면들을 떠올립니다. 이 영화는 1970년대 멕시코시티의 한 지역 '로마'에서 유년기를 보냈던 감독의 자전적 이야기입니다. 자신의 어린 시절을 함께 해 준 그가 사랑하는 두 여자, 어머니인 소피아와 보모인 원주민 소녀 클레오에게 바치는 이야기이기도 하지요. 특정시기, 특정 공간을 무대로 한 누군가의 과거 이야기는 영화라는 시공간 예술의 형태를 빌려 표현되고, 추억은 타인과 공유할 수 있는 형태로 재탄생됩니다.

부유한 백인 의사 가정의 입주가정부로 살아가던 클레오는 민주화를 열망하는 학생들과 이를 막으려는 정부가 첨예하게 대립하고 있는 격동의 1970년대 멕시코를 살아갑니다. 클레오는 안주인 소피아의 아이들을 자신의 가족처럼 돌보고, 고용주의 가족들 또한 클레오를 가족처럼 생각합니다. 그리고 두 여자에게 고난의 순간이 찾아옵니다.

소피아의 남편은 새로운 여자가 생겨 가정을 떠나버리고, 클레오의 임신 소식을 듣게 된 클레오의 남자친구 또한 도망치듯 그녀를 떠납니다. 시간이 지나 출산을 앞둔 클레오는 정부군의 하수인이 되어 학생들을 뒤쫓던 옛 남자친구와 최악의 형태로 마주치고, 그 충격으로 클레오는 뱃속의 아이를 잃습니다. 삶의 안식처를 잃은 두 여자는 그들의 삶을 묵묵히 이어나갑니다. 슬픔을 묘사하는 장면이나 대사조차도 변변히 없고, 영화의 서사는 흐르는 물처럼 조용히 흘러갑니다.

하지만 모든 영화가 대화나 서사로만 이야기를 하는 건 아니에요. 더함으로써 표현할 수 있는 이야기가 있는가 하면 반대로 덜어냄으로써 표현할 수 있는 이야기도 있지요. 마치 진료실에서 나누는 환자와 의사의 대화처럼요. 그리고 이 영화의 덜어냄은 우리에게 화려한 특수효과 이상의 특별한 경험을 하게 합니다.

영화는 먼저 색을 덜어냅니다. 사실 이 영화는 흑백으로 촬영된 영화입니다. 얼핏 보면 시각적 즐거움이 없는 지루한 작품처럼 보이기도 하죠. 하지만 색을 배제함으로써만이 보이는 것들도 있습니다. 신분과 살아가는 세상의 차이를 나누던 피부의 색이 흑백으로 이루어진 이 영화에서는 명암만 다른 하나의 색이 됩니다. 색깔이 배제된 세상에서는 화려하게 치장된 부자의 옷이나 가정부의 옷이 별 차이가 나지 않죠. 그럼으로써 우리는 등장인물의 피부색이나 옷차림보다는 그 사람의 말과, 행동과, 표정을 보게 됩니다.

영화는 배경음악을 덜어냅니다. 배경음악은 영화 장면의 또 다른 색깔이죠. 배경음악이 있던 그 자리를 세밀하게 구성된 실제 효과음이 채웁니다. 이 영화의 효과음은 저 멀리 하늘을 나는 비행기 소리로부터 문 밖의 개 짖는 소리, 바로 곁의 빗자루질 소리 등 못해도 10개 이상의 층위로 구성되어 있습니다. 배경음악 대신 채워진 현장의 생생한 소리들은 우리에게 그 어떤 현란한 음악보다도 생생한 공간감을 드러냅니다.

영화는 시선의 높낮이를 없앱니다. 이 영화의 카메라는 등장인물들의 삶을 그들의 눈높이에서 비춥니다. 어떤 영화들이 주인공들의 이야기를 하늘에서 내려다보는 신의 시점으로 관찰한다면, 이 영화는 마치 우리가 1970년대의 그 시절 멕시코 가정에서 그들과 함께 살아가는 것처럼 느껴지게 합니다. 이별을 예감하며 떠나는 남편을 배웅하는 부인 옆을 군악대의 흥겨운 북소리가 스쳐 지나가고, 사랑하는 남자에게 버림받은 가정부는 가슴 속 상처를 닦아내려는 듯 조용히 바닥을 닦습니다. 시간은 그저 원래 그러했던 것처럼 무심히 흘러갑니다. 부서져버린 마음을 담고서.

마음이 부서져버린 사람들은 현재를 잃고 과거를 삽니다. 나의 아픔 따위는 무심한 것처럼 그 자리에서 여전히 존재하는 세상을 원망하기라도 하듯 상실의 순간을 곱씹고, 또 곱씹습니다. 이들은 또한 현재 대신 미래를 삽니다. 이렇게 불행한 내가, 미래에는 얼마나 더 불행해져 있을지 상상하고 또 상상하며 걱정과 불행을 예행연습합니다. 이러한 현상을 정신의학적 용어로 '반추 rumination'라고 합니다. 끊임없이 과거로부터 고통을 불러와 아픔을 되새기게 되는 것이지요.

햇살의 따스함을 담은 미소조차 덧없게 느껴집니다. 지금 나에게 불어오는 청량한 바람조차 느끼지 못합니다. 내가 만났던 이들은 당장에라도 부서져버릴 것 같은 마음을 다잡기 위해 스스로를 후비고 파내고 금간 부분을 벌려대고 있었습니다. 이들은 이런 식으로 현재의 모든 순간에서 마취되어 살아갑니다. 이들에게 '지금 이 순간'이란 존재하지 않습니다. 현재가 없어진 그 자리를 아픈 과거와 그 과거에서 연결된 아픈 미래가 채울 뿐. 하지만 아무리 거부해도 어쩔 수 없이 찾아올 수밖에 없는 세상과 맞닿는 어떤 순간, 우리는 세상으로 끌어올려집니다.

영화의 클라이맥스, 새 출발을 위해 떠난 가족 여행에서, 안주인의 아이들이 바다에 빠지자 클레오는 자신이 수영을 하지 못한다는 사실도 잊고 바다에 뛰어듭니다. 자신의 아이라서 그랬던 것도 아니고 선행에 대한 보상을 바라는 것도 아니었지요. 이유도 모르는 채 그녀가 혼신을 다해 물속에서 끌어올린 두 명의 타인들.

그녀가 엉겁결에 끌어안은 여전히 그녀에게 남겨진 사랑하는 것들의 온기, 헐떡이는 고동, 금방이라도 꺼질 것 같은 연약한 떨림들. 잃어버렸던 삶의 생생함이 극한으로 느껴지던 그 순간 심연에서 태양 빛 아래로 끌어올려진 것은 아이들이 아니라 클레오였습니다. 그녀는 왈칵 눈물을 터뜨리며 생애 처음으로 자신의 심정을 고백합니다. 잃어버린 자신의 아이에 대한 이야기였죠. 사실 나는 아이를 원하지 않았노라고. 생명이 태어나는 것이 두려웠노라고. 그래서 슬퍼할 자격조차도 없어진 자신이 너무나도 슬펐노라고.

사람들은 클레오를 감싸 안습니다. 각자 다른 길을 걸어가던 인생의 여행자들이 우연히 만나 서로의 감정을 나눕니다. 그 어떠한 평가도 내리지 않고, 그저 안아주고 사랑한다고 이야기해주고 가엾다며 함께 울어줍니다. 사랑한다고 말한다 한들 나의 과거가 없었던 일이 될 리 없지만, 지금 이 한 순간의 따뜻함이 영원할 리 없건만, 서로 몸을 기대고, 말이 아니라 지금의 존재와 유대만으로 서로를 위로합니다. 부서져버린 이들의 마음 한 구석에 빛이 돌아오는 것처럼 서로 얼싸안은 한 무리의 인간들 뒤로 햇살이 비추기 시작합니다.

어떤 슬픔은 한 순간의 굉음과 함께 불타서 하얀 재만 남은 전쟁 같은 슬픔이고, 어떠한 슬픔은 쓰라린 상처를 안고 오랜 시간을 버티고 버텨 마침내 바위가 되어버리는 그런 슬픔이죠. 우리의 그 모든 아픔들 중 미리 예상할 수 있고 막을 수 있었던 것들이 과연 얼마나 될까요? 그 모든 상처 중 그 이유를 확실히 말 할 수 있는 상처들이 몇 개나 될까요? 그렇기 때문에 우리는 그 모든 상처와 아픔에 따라오는 감정을 설명하고 나누기 어려워할 때가 많습니다. 누군가는 그 감정이 잘못된 것이라고도 말해요. 하지만 누군가가 가진 아픔을 '틀렸다'라고 규정할 자격을 가진 사람 따위는 세상 어디에도 없지요.

당신의 감정이 당신의 내면세계를 벗어나 누군가와 함께하고, 그럼으로써 그것이 세상의 한 부분으로 자리 잡게 되는 그 순간, 당신은 당신의 모든 생애를 지금 여기의 관점에서 볼 수 있게 됩니다. 현재를 온통 물들였던 과거에서 비롯된 색들이 벗겨지고 당신은 당신 주변의 감각을 생으로 온전히 느끼게 됩니다. 어두운 배경음악이 사라진 자리에는 삶의 실감과도 같은 현실의 소리가 채워집니다. 당신은 과거의 언덕 위에서 현재를 내려다보는 관조자의 위치에서 내려와 지금도 계속되고 있는 당신의 인생 이야기를 현재의 눈높이에서 바라보는 진정한 주인공이 됩니다.

클레오는 아이들을 꼭 안고 집으로 돌아옵니다. 빨랫거리들을 안고 옥상으로 향하는 그녀는 이내 화면 밖으로 사라집니다. 그녀는 계속 살아갈 것입니다. 가끔은 지나간 세월에 슬퍼하기도 하지만, 그녀가 늘 그랬던 대로 오늘 하루를 느끼며, 다른 사람들과 유대를 맺기도 하며 그렇게 살아갈 것입니다. 그리고 우리는 알게 됩니다. 영화가 진정으로 그리고 싶었던 과거는 현재에서 비롯된 어떤 의미나 서사로서의 과거가 아니라 어렸던 자신의 눈으로 직접 보았던 그 순간 자체로서의 과거라는 것을 말입니다. 그것은 어린 시절 자신을 감싸주었던 연약하지만 강했던 두 여자의 작품처럼 아름다웠던 삶의 모습이기도 했지요.

마음이 부서져본 적 있나요? 산산조각이 난 마음을 붙잡고 있느라 아무것도 보지도, 듣지도, 느끼지도 못하고 있나요? 나는 자신을 잃어버리고 비버가 되어버린 사나이를 보았죠. 아무도 없는 우주공간에 내던져져 홀로 헤매는 우주비행사를 보았지요. 사랑하는 이와의 기억에 아파하는 연인들을 보았고, 생이 끝날 때까지 슬퍼하는 방법을 찾지도 배우지도 못한 사람들을 보았습니다. 그 많은 영화 속의 이야기들이 옳고 그름으로 규정될 수 없는 것처럼, 당신의 아픔은 지금도 틀리지 않았죠. 그럼에도 불구하고 내가 그것을 당신과 함께 공유하고 덜어내기를 원하는 까닭은 아파하는 당신이 무언가 잘못되어서가 아닌 그 속에 지금도 묻혀 있는 어떤 것을 당신과 함께 보기 위해서였죠.

약한 게 아니라 아팠던 것이다.

영원히 지속되지 못함을 두려워하느라 놓쳐버렸던 기쁨의 순간들, 미래를 걱정하느라 보내버렸던 생생했던 현재들. 다 타버린 줄 알았던 당신의 마음에 여전히 남아있는, 넘치게 아름답기에 손을 대는 것조차 주저하게 되는 찰나의 찬란함. 사랑해야 할 것들이 여전히 이토록 남아있건만…….

그래서 당신이 조금 더 살아가기를 바래요. 당신이 그것들을 그렇게 흘려보내지 않기를 소망합니다.

나는 모든 기억을 잃어가면서도 세상과 연결되려고 애쓰는 한 알츠하이머병 환자의 고귀한 투쟁을 보았습니다. 아픈 기억을 나눠가짐으로써 앞으로 나아가려는 두 여자의 마음의 공명을 보았습니다. 잃어버린 청춘의 따뜻함과 열기를 가슴 속에 간직하며, 다시 도전하는 이들의 결의를 보았고, 돌이킬 수 없는 실수와 상처를 극복하는 과정을 통해 수많은 사람들에게 빛이 되어준 어떤 이의 인생 또한 보았습니다.

우리 안에 분명히 존재하지만 혼자서는 사용할 수 없고, 이 세상과 타인이 존재하기에 비로소 사용할 수 있는, 현재를 느끼게 하는 우리 마음의 힘. 마음이 부서져 그저 존재하기만 했던 우리는 그로 인해 다시 인생을 살아내기 시작합니다. 사실 이것을 있는 그대로 표현할 수 있는 어떤 정신과학적 원리도, 심리학적 용어도 나는 아직 발견하지 못하였어요. 내 마음에 타인을 담고서야 비로소 느낄 수 있는, 찰나가 만들어낸 마음 변혁의 순간들.

함께 하며 비워진 가슴의 그 공간 속으로 오래 전 당신이 잃어버렸던 것들이 흘러 들어옵니다. 당신의 순간을 깨우는 오늘 하루의 감각들. 비록 영원하진 않을지라도 당신이 느꼈던 따뜻한 시선들과 온기들. 그리고 아직도 뛰고 있는 당신 심장의 그 고동 소리.

부서져버린 줄 알았던 당신의 마음에 빛이 흘러 들어오기 시작합니다. 사실 그 빛은 당신의 마음속에 원래 존재하였던 것이죠. 마음속 그 빛은 점점 밝아져 당신의 주변까지도 밝혀주기 시작합니다. 빛에 휩싸인 당신과 당신 주변의 모습이 너무나 따뜻하고 아름답기에 먼 곳에서 온기를 찾아 헤매던 어느 여행자의 발길을 움직입니다. 그래요. 당신의 그 순간 또한 영화가 됩니다. 그리고 오늘도 나는 영화 속 그 마음을 읽습니다.

"여행은 좋았니?"
"응. 아주."
"모두 얘기해줘. 금방 올게."

_영화 〈로마〉 중에서

약한 게 아니라 아팠던 것이다.